상가 경매로
비즈니스하라

상가 경매로 비즈니스하라

'2억으로 20억 상가 건물주 되기'

전병수 지음 권승기 감수

한국경제신문*i*

Prologue

상가 경매의 본질을 생각한다

아파트나 빌라 등 주거용 건물의 경매는 차익거래로 수익을 내는 캐피털 게인(Capital Gain, 자본수익) 투자법의 대표 주자다. 싸게 낙찰받은 후 약간의 인테리어를 거쳐 감정가 근처에서 매도하면 수익이 발생한다. 싸게만 낙찰받으면 누구나 할 수 있다.

문제는 싸게 낙찰받기 힘들다는 점이다. 입찰장에 가면 30~40명은 기본이다. 아기 업은 주부부터 깔끔한 복장의 샐러리맨까지 우르르 몰려나와 경매 입찰에 참여한다. 인기가 높아 100% 이상의 고가 낙찰도 속출한다. 경매 고수나 하수 차이 없이 세게 쓴 사람이 임자다. 아파트 경매는 마치 주식의 옵션 투자와 비슷하다. 싸게 산 후 차익이 발생하는 일정 시점까지 기다렸다 파는 것이다. 차익이 없으면 오를 때까지 홀딩하면 된다.

따라서 경기 전반을 분석하는 눈이 필요하다. 정부가 부동산 규제책을 펴고 있는가? 부동산 완화책을 펴고 있는가? 대출금리는? 정부의 대출규제가 심한가? 등등. IMF 사태 등 급격한 환경 변화만 없으면 대체로 수익이 발생하게 된다. 하지만 요즘처럼 고가 낙찰이 난무할 때는 대안을 모색해야 한다. 필자가 받은 물건들은 거의 70%대다. 평균 낙찰률이 85%를 넘어서면 경매 입찰을 포기한다. 입찰장에 가봤자 시간만 낭비한다. 상가나 토지 경매로 눈을 돌릴 수밖에 없다.

상가 경매는 임차수익과 차익거래를 동시에 할 수 있기에 잘만 하면 아파트 경매보다 낫다. 따라서 상가는 어떻게 임대수익을 높일 것인가가 늘 화두다. 임대수익을 높게 만들어두면 매도할 때도 쉽다.

아파트 경매가 시세 차익으로 수익을 내는 캐피털 게인(자본수익)형 투자법이라고 한다면, 상가 경매는 또박또박 월세로 수익을 내는 인컴 게인(Income Gain, 임대수익)형 투자법이다. 상가 경매의 최대 리스크는 공실이다. 좋은 입지의 상가를 낙찰받고도 1년 이상이나 임차인을 들이지 못해 공실로 마음고생 하는 투자자들을 흔하게 봤다.

필자도 30대에는 아파트 등 주로 주거용 부동산에 집중해서 투자했다. 안정된 직장이 있었기에 대출 레버리지를 활용해 좋은 지역에 아파트만 사놓고 월급으로 이자를 감당해나가면 된다는 발상이었다.

그러나 2008년 서브프라임 사태를 겪으며 가격하락에 대출 이자까지 이중고를 겪는 하우스푸어를 체험하고부터는 뭔가 획기적인 전환이 필요했다. 대출이자의 공포를 넘어 '안정적인 이자를 받으면서 차익거래도 가능한 부동산 상품이 없을까?'라는 고민 속에 상가 경매로 전환해 수익을 내는 모델을 끊임없이 연구했다.

상가 경매에 입문한 지 어느덧 10년 가까이 지난 지금 필자는 경매로 수십 건의 상가를 낙찰받았고, 이 상가들을 통해 벌이는 사업도 현재 5개 이상이다. 잘되는 업종도 있고 지지부진한 업종도 있다. 어떤 이들은 상가 경매로 차익거래가 힘들다고도 하지만, 필자는 매년 낙찰받은 상가 중에 수익률이 높은 상가는 한두 건씩 꾸준히 팔고 있다.

상가 경매는 잘만 하면 임차수익과 차익을 모두 거두는 두 마리 토끼다.

실전보다 더 나은 이론은 없다

돌이켜보면 상가 경매의 꽃은 명도와 개발이라는 생각이 든다.

경매로 한 건 두 건 낙찰받다 보면 권리분석은 그다지 어렵지 않게 해결할 수 있지만, 임차인 명도와 상가 개발은 늘 어렵다. 과연 임차가 잘 나가지 않는 공실 상가를 낙찰받아 어느 정도의 자본을 투여해 어떤 식으로 개발해 수익률을 높일까? 상가 투자자라면 늘 안고 있는 숙제다.

필자가 직장생활 중 상가 투자에 입문하게 된 계기는 사실 은퇴 이후 안정적인 노후 대비용이었다. 상가 경매 초기에는 주로 남들에게 쉽게 임대를 줄 수 있는 상가들만 낙찰받아 월세 파이프라인을 만드는 데 주력했다. 그러나 퇴직 이후에는 남들이 낙찰받기 꺼리는 공실 중인 상가들을 낙찰받아 약간의 리모델링을 거쳐 수익률을 높이는 방향으로 선회했다. 소호 사무실, 학원, 카페, 고시원, 회의실 대관 등이 주요 사업 방향으로 끊임없이 새로운 비즈니스 모델을 고민하고 있다.

이 책에서는 필자가 실전에서 경매로 받은 상가들을 어떻게 명도하고, 어떤 모델로 개발해 수익을 거두고 있는지, 상가 경매 투자의 ABC를 생생한 사례들을 통해 하나씩 공개하고자 한다.

태양은 꽃잎을 물들이지만
교육은 인간의 안목을 물들인다

필자는 달변가도 이론가도 아니다. 경매를 매개로 사업 아이디어를 찾으려는 실전 투자가일 뿐이다. 물론 필자가 해온 재테크 방식들이 항상 그때그때 최선의 방책은 아닐 수도 있다. 다만 필자는 세상이 그 어떤 방향으로 흘러갈지라도 끊임없이 도전하며 유치권·NPL 등 재테크 신무기들을 장착하며 조금씩 앞으로 나아갈 것이다.

"누구에게나 자기만의 바둑이 있다"라는 만화 〈미생(未生)〉의 명대사처럼 경매의 실전 고수들도 각자 자신만이 잘하는 영역이 있다. 필자도 십여 년간 수십 건의 아파트와 상가 위주의 경매·공매 물건들을 낙찰받고 NPL 투자도 했지만 아직도 부족한 부분이 많다. 시중에 나온 대부분의 경매 책은 모두 독파했고 지금도 NPL·토지 경매 등 부족한 부분은 실전 고수들의 강의를 들으면서 보강하고 있다.

최근에 들었던 인상적인 강의로는 이상준 교수님의 'NPL 대위변제 투자법'과 김양수 교수님의 '금맥 토지 경매', 김덕용 교수님의 '토지공법' 강의 등이다. 물론 일산에서 경매학원을 직접 운영하며 들었던 이영삼 교수님의 '수도권 입지분석', 신일진 교수님의 '상가 입지분석', 박상배 교수님의 '법정지상권', 안요셉 교수님의 '수익형 부동산' 강의 등은 정말이지 경매 투자의 내공을 키우는 알토란 같은 강의들이다. 특히 수협지점장인 이상준 교수님의 NPL 강의와 필자의 학원에서 오랜 기간 강의해주신 신한은행 지점장 출신 김동부 교수님의 NPL 대부 공매 강의는 경매 투자자라면 한 번쯤은 꼭 들어야 할 명강의다.

흔히 경매 전업 투자자에 대한 부정적 인식도 많지만 필자는 공무원 출신 전업 투자자로서 상가 경매를 통해 단순히 돈 버는 데만 치중하기보다 무언가 사회에 도움을 주는 쪽으로 비즈니스를 해야겠다는 소명의식도 느낀다. 폐업한 룸살롱, 노래방 등의 건물을 낙찰받아 리모델링해 공유 오피스 같은 공간으로 탈바꿈시키거나 재기를 꿈꾸는 사람들을 위한 교육사업 등이 향후 계획 중인 사업 방향이다.

마지막으로 이 책이 나오기까지 필자에게 아낌없는 지도편달을 해주신 법률 멘토 권승기 교수님과 이상준 교수님, 김동부 교수님, 여의주경매 김성훈 대표님, 그리고 영혼의 동반자 장미경에게 진심으로 감사드린다.

전병수

CONTENTS

Prologue · 4

Part 1. 상가 경매 유치권 돌파하기

2억 원 유치권을 각개격파하라 · 16
  SubNote) 유치권 해결 시나리오 · 32
룸살롱 20억 원 유치권을 깨라 · 33
  SubNote) 대지권미등기 해결방법 · 47
  SubNote) 증인소환이란? · 49
고시원 유치권은 어떻게 깰까? · 50
  SubNote) 배당배제와 배당이의 소송 · 57
유치권자 도대체 어디 있니? · 60
  SubNote) 유치권 관련 민법 조문 · 67
진성 유치권자를 만났을 때 · 69
매각허부결정 제대로 알기 · 81
  SubNote) 법원 경매 절차를 공부하자 · 84
매각허가결정에도 절대 안심하지 않기 · 86
  SubNote) 경매 취하, 경매 취소, 기각이란? · 88
공매 상가 매각불허가 신청하기 · 89
  SubNote) 매각 결정 취소 관련 국세징수법 조문 · 94
  SubNote) 공매와 경매는 어떻게 다를까? · 97

Part 2. 소송, 큰 틀에서 살펴보기

소송이란? · 104

내용증명이란? · 120

인도명령이란? · 124

명도소송이란? · 128

점유이전금지가처분이란? · 131

강제집행이란? · 133

전자소송으로 쉽게 하기 · 140

Part 3. 상가 경매 명도의 ABC

상가 경매 큰 그림 그리기 · 150

  SubNote) 폐문부재 상가 명도 요령 · 158

선배님 명도하기 · 159

  SubNote) 상가 경매 물건 선정 노하우 · 164

3개 회사 동시에 명도하기 · 165

  SubNote) 가압류 딱지가 붙어있을 때 · 172

  SubNote) 강제집행비용 산출법 · 177

선순위 전세권 대기업을 명도하라 · 178

  SubNote) 상권분석은 배후지 분석에서 시작된다 · 181

  SubNote) 선순위 전세권과 배당요구 종기일 · 185

명도에 연연할 필요는 없다 · 191

SubNote) 임대수익을 높이려면 상가를 분할하라 · 201
SubNote) 명도협상 잘하는 비법 · 202
체납관리비의 역습 · 203
SubNote) 건물관리소와 협상하는 방법 · 210
체납관리비 대처 방법 숙독하기 · 211

Part 4. 상가 경매로 비즈니스하라

미운 오리 새끼, 백조로 만들기 · 230
SubNote) 소호 사무실, 공유 오피스란? · 240
망한 룸살롱, 사무실로 개발하기 · 241
SubNote) 위락시설 낙찰 시 유의점 · 250
영종도 부동산 엿보기 · 251
SubNote) 고시원 낙찰 시 유의점 · 259
빨래방 카페는 어떨까? · 260
SubNote) 레버리지(Leverage) 투자란? · 268
수익은 남들이 가지 않는 길에 있다 · 269
SubNote) 숙박시설 경매 낙찰 시 유의점 · 272
지하상가는 어떻게 개발할까? · 273
테마상가를 낙찰받아도 될까? · 279

Part 5. 좋은 상가는 NPL로 매입하라

NPL 투자란? · 288
  SubNote) 론세일 방식과 채무인수 방식이란? · 296
NPL 물건은 어떻게 협상할까? · 297
  SubNote) NPL 매각기일 연장 시 유의점 · 304
실전 사례 연구 1: 채권최고액을 채워라 · 306
  SubNote) 개인회생과 파산이란? · 312
실전 사례 연구 2: 입찰자 40명을 물리쳐라 · 313
  SubNote) NPL 경매 시 배당 연습 · 318
실전 사례 연구 3: 지방 모텔은 NPL로 싸게 매입하라 · 319
  SubNote) NPL 관련 용어 · 322

Part 6. 상가임대차보호법과 상가 운용의 묘(妙)

상가임대차보호법이란? · 326
환산보증금이란? · 328
우선변제권이란? · 331
대항력이란? · 333
상가 임대사업자등록 하는 법 · 335

- **2억 원 유치권을 각개격파하라**
  SubNote) 유치권 해결 시나리오

- **룸살롱 20억 원 유치권을 깨라**
  SubNote) 대지권미등기 해결방법
  SubNote) 증인소환이란?

- **고시원 유치권은 어떻게 깰까?**
  SubNote) 배당배제와 배당이의 소송

- **유치권자 도대체 어디 있니?**
  SubNote) 유치권 관련 민법 조문

Part 1
상가 경매 유치권 돌파하기

- 진성 유치권자를 만났을 때

- 매각허부결정 제대로 알기
  SubNote) 법원 경매 절차를 공부하자

- 매각허가결정에도 절대 안심하지 않기
  SubNote) 경매 취하, 경매 취소, 기각이란?

- 공매 상가 매각불허가 신청하기
  SubNote) 매각 결정 취소 관련 국세징수법 조문
  SubNote) 공매와 경매는 어떻게 다를까?

2억 원 유치권을
각개격파하라

기질여풍(其疾如風) 빠를 때는 바람처럼 움직여라!

기서여림(其徐如林) 느릴 때는 숲처럼 장중하라!

침략여화(侵掠如火) 기습할 때는 불처럼 맹렬하라!

부동여산(不動如山) 조용할 때는 태산처럼 고요하라!

－《손자병법》－

"유치권 3건이면 인생을 바꾼다"는 말이 있을 정도로 어느 정도 실전 경매 투자를 해본 사람이라면 유치권 있는 물건에 관심을 갖게 된다. '유치권의 90%는 가짜'라는 속설 하나만 믿고 덜컥 거액의 유치권이 있는 건물을 낙찰받고도 싶다. 그러나 턱없이 높은 유치권 가격과 마치 진짜인 것처럼 교묘하게 만들어둔 각종 서류들을 보면 단 한 건으로 '오히려 내 인생이 망가지지는 않을까' 하는 두려움에 선뜻 나서기도 쉽지 않다.

마치 소설《초한지》에 나오는 유방과 항우의 운명을 건 피 튀기는 한판 승부처럼, 유치권자도 점유와 공사비 채권이라는 강력한 창들을 갖고 투자자를 맞이할 준비를 하고 있다. 그러기에 단지 저렴한 낙찰가격만 보고 달려드는 설익은 투자자라면 온몸에 깊은 내상을 입기 쉽다.

몇 년 전 필자가 좋아하는 부천 중상동 신도시 안의 역세권 상가가 경매에 나온 적이 있다. 2억 원의 유치권이 걸려있긴 하나 절대로(?) 놓칠 수 없는 물건이었다. 메마른 초원에 막 나온 톰슨가젤을 발견한 사자처럼 이 정도 상가를 보면 심장이 절로 뛸 수밖에 없다. 실전 투자자라면 사냥꾼의 본성을 가져야 한다.

소 재 지	경기도 부천시 원미구			도로명주소검색			
물건종별	근린상가	감 정 가	430,000,000원	오늘조회: 1 2주누적: 1 2주평균: 0 조회동향			
				구분	입찰기일	최저매각가격	결과
대 지 권	65.24㎡(19.735평)	최 저 가	(49%) 210,700,000원	1차	2013-05-14	430,000,000원	유찰
				2차	2013-06-25	301,000,000원	유찰
건물면적	210.44㎡(63.658평)	보 증 금	(10%) 21,070,000원	3차	2013-07-30	210,700,000원	
				낙찰: 288,250,000원 (67.03%)			
매각물건	토지·건물 일괄매각	소 유 자	외 1명	(입찰4명,낙찰: 차순위금액 281,450,000원)			
개시결정	2012-09-07	채 무 자	외 1명	매각결정기일 : 2013.08.06 - 매각허가결정			
				대금지급기한 : 2013.09.13			
사 건 명	강제경매	채 권 자	보증보험(주) 외 1	대금납부 2013.09.13 / 배당기일 2013.10.16			
				배당종결 2013.10.16			

건물 실평수는 63평이지만, 도면을 살펴보면 30평쯤 되는 베란다가 덤으로 있고 한 층 전체를 통으로 쓸 수 있다. 공용 구간까

지 사실상 100평의 효율이 있는 상가다. 상가 모양도 필자가 가장 좋아하는 길쭉한 가로형 건물이다. 이런 모양은 여러 개로 분할해 임대 놓기도 매우 좋고, 중견기업 사무실 본사로 쓰기도 좋다.

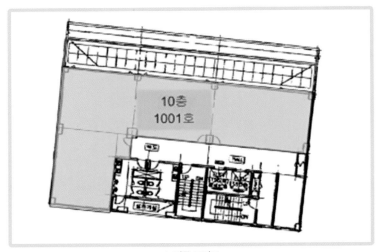

△ 건물 도면도

낙찰받기만 하면 임대나 매매 모두 수월할 것으로 보이나 문제는 유치권이다. 유치권 2억 원이 걸려있어 성립한다면 낙찰받아도 말짱 도루묵이다. 유치권이 성립된다 치더라도 당시 필자에겐 물어줄 2억 원의 현금도 없었다. 대출 레버리지로 투자하는 입장에서 유치권이 진성일 경우 입찰보증금을 포기할 수밖에 없다.

더 이상 물러설 여지는 없었다. 또다시 자신을 벼랑 끝까지 몬 후에 냉철하게 분석하기 시작했다. 경매 정보지와 매각명세서상에 나와 있는 몇 가지 단서들을 조금씩 조합해가면서 실낱같은 희망을 안고 며칠간의 고민 끝에 유치권 격파에 나서기로 했다.

첫째, 권리분석을 해보자.

* 등기부현황 (채권액합계 : 559,965,018원)

No	접수	권리종류	권리자	채권금액	비고	소멸여부
1	2007.01.12	소유권이전(매매)				
2	2007.06.14	근저당	새마을금고	462,000,000원	말소기준등기	소멸
3	2010.02.02	가압류	서울보증보험(주)	97,965,018원		소멸
4	2010.11.16	압류	부천시원미구			소멸
5	2011.03.29	압류	부천시			소멸
6	2012.09.07	강제경매	서울보증보험(주) (신용지원단)	청구금액: 100,725,370원	2012타경21176, 서울보증보험주식회사 가압류의 본 압류로의 이행	소멸
7	2012.11.01	임의경매	새마을금고	청구금액: 340,779,800원	2012타경25697	소멸

주의사항 ⑬유치권신고 있음-2012.11.16.자 주식회사 　　　로부터 공사대금채권 200,000,000원의 유치권신고가 있으나 그 성립여부 불분명. 2013.05.20 채권자 서울보증보험주식회사 유치권배제신청 제출

2억 원의 공사대금 채권에 기한 유치권이 신고돼 있으나, 2순위인 가압류권자 서울보증보험으로부터 유치권 배제 신청이 제출됐다. 1순위 새마을금고가 아니라 왜 서울보증보험이 배제 신청을 했을까? 그 이유는 배당에 있다. 1순위 새마을금고의 청구액은 3억 4,000만 원 정도다. 유치권이 있더라도 워낙 좋은 입지라 1순위 근저당까지 피해 가지는 않는다. 문제는 2순위 가압류 서울보증보험의 1억 원 채권 중에 손실을 볼 가능성이 있다. 그렇다면 사건 해결의 키는 서울보증보험이 가지고 있다. 유치권 배제 신청을 한 충분한 사유가 있을 것이다. 입찰 전에 최악의 사태를 대비해 서울보증보험을 방문해 탐문에 들어갔다. 물건 담당자를 찾아가 유치권배제신청서 내용을 간략하게 살펴보니 서류상으로 허위

유치권일 확률이 높다는 확신이 마구마구(?) 든다

물건분석을 좀 더 해본다. 굿옥션 사이트에서 과거 입찰자료를 뽑아 검색해보니, 8년 전쯤에도 같은 층이 경매로 나왔고 당시도 유치권 4억 3,500만 원이 신고돼 있었다. 누군가 매우 저렴하게 가져갔다. 여러 정황상 건물주가 유치권자와 짜고 거액의 유치권을 신고한 후 낙찰받은 게 틀림이 없었다.

둘째, 임차인 분석을 해본다.

임차인	점유부분	전입/확정/배당	보증금/차임	대항력	배당예상금액	기타
박	점포 약 40㎡	사업자등록: 미상 확 정 일: 미상 배당요구일: 2012.11.16	보10,000,000원 월150,000원 환산2,500만원		배당금 없음	점유:2011.1.15~
이	점포 약 60㎡	사업자등록: 미상 확 정 일: 미상 배당요구일: 2012.11.16	보30,000,000원		배당금 없음	현황서상사:2012.8.16, 점유:2012.5.1~
	점포 약 18.4㎡	사업자등록: 2012.01.20 확 정 일: 2013.04.18 배당요구일: 2012.11.16	보30,000,000원	없음	배당순위있음	
	점포 약 53.6㎡	사업자등록: 미상 확 정 일: 미상 배당요구일: 2012.11.16	보25,000,000원 월200,000원 환산4,500만원		배당금 없음	현황서상사:2012.1.20, 점유:2011.1.15~
기타사항	임차인수: 4명, 임차보증금합계: 95,000,000원, 월세합계: 350,000원 🖘박 : 임대차계약서 사본만 우편으로 접수함. 🖘이 : 임대차계약서 사본만 우편으로 접수. 🖘 : 임대차계약서 사본만 우편으로 접수하고 2013.4.24.자 신청서 보완. 🖘 : 임대차계약서 사본만 우편으로 접수.					

법원 서류에 4명의 임차인이 신고돼 있고 임차보증금 전체 합계만 1억 원에 육박한다. 사업자등록은 보증금 3,000만 원 한 명만 돼있다. 대항력은 없으나 환산보증금 3,000만 원이니 과밀억제권역에서 최우선 소액임차보증금을 받을 수 있는 소액임차인에 해당된다. 낙찰자의 명도확인서가 있어야 배당에서 소액임차보증금을 받을 수 있다.

나머지 3명은 대항력은 없으나 사무실마다 칸칸이 들어있는 임차인들을 모두 명도시키려면 수고로움이 만만치 않겠다. 한 명당 이사비 250만 원씩만 잡아도 1,000만 원이다. 경매개시 결정 후에 다른 임차인이 들어와 있으면 강제집행하기도 쉽지 않다. 명도소송 전에 점유이전금지가처분 신청부터 해야 한다.

2억 원 유치권을 단칼에 해결해야 하고 임차인 4명도 최대한 빨리 모두 명도시켜야 한다. 경매 내공이 없으면 해결하기가 녹록지 않은 물건이다.

과연 입찰가를 얼마나 쓸까? "남들이 두려워할 때 욕심을 마구마구(?) 부려야 한다"는 워런 버핏 선생님의 말씀을 상기하며 낙찰가를 신중하게 고민해본다. 정상 물건이라면 70%대를 훨씬 넘겨야 하나 유치권 2억 원이 있으니 다른 이들도 그리 무리하지는 않을 것이다. 고민 끝에 60% 후반대에 써본다. 낙찰됐다! 4명만 들어왔다. 만약 2억 원 유치권이 없었다면 이 정도 물건에 최소 20명 이상은 들어왔을 텐데……

잔금을 치르자마자 유치권 격파에 나섰다. 행여 유치권이 성립하기라도 하면 입찰보증금 10%를 포기해야 하기에 지체할 여유가 없다. "호랑이를 잡으려면 호랑이굴에 들어가야 한다." 일단 낙찰받은 그다음 주에 바로 현장에 쳐들어가 하나씩 단서를 파악해본다. 잘 아는 K선배와 함께 갔다. 유치권자와 협상하기에는 아무래도 혼자보다는 두 명이 가는 게 훨씬 낫다. 선배에게는 미리 휴대폰 녹취를 부탁했다.

건물 입구에 들어서니 유치권자의 현수막이 대문짝만하게 보인다. 일단 유치권 표시의 형식은 잘 갖춰져 있다. 많이 해본 솜씨다. 건설회사 본사 사무실로 쓰고 있는데 회장실과 직원실로 분리돼 있고, 부도가 나서인지 소파와 책상, 캐비닛 등 각종 쓰레기들이 방마다 가득하다. 강제집행까지 갈 경우 비용이 장난 아니겠다.

베란다 근처로 가보니 사나운 도사견과 진돗개를 풀어놨다. 명도 현장에 사람은 없고 사냥개 5마리가 친절하게(?) 짖으며 반겨준다. 유치권자 성격이 보통이 아니다. 최악의 경우 개들까지 풀 기세다.

△ 베란다에 개를 풀어놓고, 쓰레기로 가득한 사무실

유치권 2억 원도 해결해야 하고 4명의 임차인들도 명도시켜야 한다. 미납관리비도 산더미같이 연체했을 테니, 어설프게 대응하다가는 피 같은 돈과 시간이 장난 아니게 들겠다. 일단 밖으로 나가서 식사한 후 건물 몇 바퀴를 돌아본 후 다시 현장에 가보니 때마침 풍채 좋은 유치권자가 돌아와 있다. 가만히 문을 열고 K선배에게 눈짓을 보낸 후 유치권자와 대면에 나섰다.

미리 준비한 예상 질의자료를 토대로 유치권자에게 몇 가지 말을 건넨다. 마치 유치권 대금 2억 원을 곧 바칠 듯 말 듯 하며 어수룩한 경매 초보 낙찰자인 듯 대화를 시작하니 유치권자가 서서히 유도신문에 걸려든다. '혹시 공사를 언제부터 하셨죠? 어디 부분을 누가 하셨는지요? 사무실에 명패가 걸려있는 법인들 모두 진짜 임차인 맞나요?' 질문의 수위가 조금씩 높아지니 유치권자가 경계하기 시작한다. 20여 분간 대화를 나눈 후 다음에 다시 뵙겠다며 짤막한 인사를 나누고 현장에서 빠져나왔다. K선배에게 녹취가 잘됐는지 확인하니 OK 사인을 보낸다.

일단 집에 돌아가 몇 차례 더 서류를 확인해본 후 시나리오를 짰다.

첫째, 유치권 일부 신고가 돼있는 전기 설비업자를 찾아간다. 몇천만 원에 불과하지만 유치권을 신고했다니, 진성이라면 이유라도 들어봐야겠지? 사무실에 들어가니 마침 사장이 자리를 비웠단다. 그렇다고 이대로 물러설 수는 없다. 마침 자리에 앉아있는 선해 보이는 남자직원에게 '3~4년 전쯤 부천 어디 어디쯤에서 공사한 적이 있나요?'라고 물었다. 그러자 "당시 우리 회사는 인천에 있어 그쪽에는 일이 없었습니다"라고 순진한 직원이 아무 생각 없이 대꾸한다. 차분하게 답변들을 녹취한 후 사무실을 나온다.

이후 몇 차례 더 사무실을 방문했으나 이상하게 사장이 만나기를 꺼린다. 진성 유치권자라면 마땅히 낙찰자를 만나 공사내역을 상세하게 알려줄 텐데…….

둘째, 1순위 근저당권자인 S새마을금고를 찾아간다. 예상대로 대부계 담당자가 유치권 관련 정보를 잘 주려고 하지 않는다. 이럴 때는 유도신문 기법이 좋다. "근저당이 4억 원 이상이나 설정돼 있는데 거액의 유치권이 있으면 당연히 은행에서 대출이 나가지 않겠죠?" 그러자 담당자가 다 알면서 왜 묻냐는 식으로 응답한다. 무상각서 등 몇 가지 단서에 대해 물으니 잘 아시면서 왜 자꾸 묻냐고, 유치권이 없음을 간접적으로 내비친다.

고민 끝에 이 건은 절차대로 가면 쉽게 해결할 수 없다는 결론을 지었다. 세무서에 제출한 각종 법인 임차계약서와 사업자등록증들, 전기 설비업자와 공사업자가 서로 짜고 진짜처럼 작성한 서류들. 유치권자가 의도하는 대로 질질 끌려다닐 수는 없다. 시간은 나의 편이 아니기에 강수를 둬야 한다. 민사 절차와 형사 절차를 병행하는 초강수를 둔다.

첫째, 유치권자에게 경고성 내용증명을 보낸다. 허위의 유치권임이 명확하니 유치권을 포기하라는 내용의 선전포고다. 물론 유치권자가 이를 들어주기를 기대한 건 아니다.

둘째, 인도명령을 신청한다. 통상 인도명령 신청 시 대출 법무사를 통해 간단히 인도명령서를 작성해 법원에 제출하면 되나 이 경우에는 유치권이 허위라는 사유를 논리적으로 잘 풀어야 한다. 경매법원에서 인도명령이 기각되면 수소(受訴)법원에서 명도소송을 진행해야 한다. 1년 이상 지루한 법정공방이 되기 쉽다. 물론 중간에 유치권자와 협상을 통해 적당한 선에서 돈을 주고 타협할 수도 있다. 아마도 유치권자가 그리고 있는 시나리오일 것이다.

셋째, 유치권자와 은행 관계자들과의 대화 녹취내용을 꼼꼼히 정리한다. 정황증거가 확실하니 손수(?) 녹취록을 작성한다. 유치권자와 직원들, 근저당권자, 서울보증보험 담당자 등과의 대화 내용들을 모두 담았다. 담당 경찰관이 자료 수집할 필요가 없을 정도로 유치권부존재 증거 서류를 모두 취합해 깔끔하게 한 파일로 만들어 관할 경찰서에 고소장과 같이 접수했다. 담당 경찰에게는 유치권 조작 여부를 자세하게 설명한 후에 형법상 사문서위조죄와 사기죄 및 경매입찰방해죄 등 죄목으로 제출했다.

둘 중 하나는 크게 다칠 것이다. 여러 갈래로 얽혀있는 복잡한 사건일수록 가장 핵심을 공격해야 한다. 인도명령 신청이 기각돼 명도소송이나 유치권부존재 확인소송 등으로 갈 경우 잘못하면 지루한 공방 속에 내 가슴만 타들어 갈 것이다.

며칠 후 유치권자에게 전화가 왔다. 유치권을 모두 포기할 테니 고소취하를 요청한다. 결국, 유치권자에게 유치권 포기각서를 받고 산더미같이 쌓여있는 짐들과 임차인 4명은 유치권자가 모두 다 이사 시키는 조건으로 소정의 이사비를 주고 모든 걸 끝냈다. 원체 집중해서인지 잔금을 치른 지 보름 안에 모든 게 깔끔하게 끝났다.

유치권자는 아마도 필자가 유치권부존재 확인소송 등 민사적인 방법들과 일정 수준의 유치권 금액을 협상하러 올 것으로 예상했을 것이다. 이후 낙찰자의 내공을 최대한 시험하며 시간을 최대한 끌어 애태운 후에 유치권 금액을 조금 다운시켜 받아내거나 최소한 임차인들 이사비 정도는 받아낸다는 목표로…….

"적이 원하는 시간을 피한다.
적에게 낯익은 장소를 멀리한다.
적이 익숙한 방법으로 싸우지 않는다."

프랑스군과 싸웠던 베트남 지압(보응우옌잡) 장군의 명언처럼 때로는 유치권도 정공을 기본으로 하되 모공을 병행해야 한다. 중심을 공격해야 주변을 한 번에 제압할 수 있다.

이 물건은 명도 후에 사무실을 10평 단위로 분할해 임차를 줬더니 월세가 가장 안정적으로 들어온다. 매도 목표가격은 유치권 가액을 포함한 가격이다. 5년이 지난 이 시점에 그 시세는 온 것 같으나, 너무나 힘들게 받은 물건이라 그런지 선뜻 매도할 마음이 없다.

내용증명

발신인 : 전병수(HP: 010-○○○○-○○○○)
　　　　경기도
수신인 : ○○○(HP: 010-○○○○-○○○○)
　　　　경기도

본인은 2○○○타경○○○○ 건물을 낙찰받은 최고가매수인으로서 (주)○○○○가 상기 건물에 대하여 부천 경매법원에 제출한 유치권신고서를 다각적으로 검토한 결과 허위유치권으로 판단되고 10층에 임차 중인 회사들 대부분도 가장임차인으로 판명되오니 조속한 시일 내에 퇴거하시길 권유 드립니다.

【 허위유치권으로 보는 사유 】

1. 2○○○년 ○○월 공사 당시 상기 건물의 10층 건물주였던 ○○○ 씨는 (주)○○○○의 대표이사로서 (주)○○○와 건물 공사 도급계약을 체결하는 등 자체로 발주한 공사로서 내부자 거래임.

2. 공사 발주자 ○○○ 씨는 건물주 ○○○ 씨와 특수관계인일 뿐만 아니라 공사 도급계약서를 보면 공사의 구체적인 내용, 경위 및 소요비용 등이 매우 모호하며, 세무서에 신고한 매출세액신고서도 없음.

3. 공사비 규모도 일반 사무실 인테리어 공사비치고는 턱없이 비싸게 책정하는 등 과다 책정하였음.

귀하는 상기와 같은 정황 증거상 ㈜○○○○의 회장으로서 공사대금의 일부를 도급자의 위치에서 이 사건 본인에게 공사대금 채권 명목의 유치권을 행사할 수 없습니다.

따라서 귀하께서는 본 내용증명을 수신하신 후에 아래와 같은 내용의 낙찰자의 요구사항을 모두 이행하시길 간청드리며, 만약 이행하지 아니할 경우 본인도 불가피하게 민·형사상 법적 절차를 강행할 수밖에 없으니 양해하시길 바랍니다.

> 1. 유치권의 불성립에 따른 '유치권 포기신고서'를 부천지원 경매 ○○계에 제출할 것
>
> 2. (주)○○○○가 10층을 점유하면서 미납한 관리비 전액을 관리실에 납부할 것
>
> 3. 10층 내 임차인들과 유체동산을 이전하고 사무실을 공실 상태로 원상복귀시킬 것

고소장

1. 고소인

성 명 (상호·대표자)		주민등록번호 (법인등록번호)	
주 소 (주사무소 소재지)			
직 업	주부	사무실 주소	
전 화	(휴대폰)	(사무실)	
이메일			
대리인에 의한 고소	□ 법정대리인 (성명: . 연락처) □ 고소대리인 (성명: 변호사 . 연락처)		

※ 고소인이 법인 또는 단체인 경우에는 상호 또는 단체명, 대표자, 법인등록번호(또는 사업자등록번호), 주된 사무소의 소재지, 전화 등 연락처를 기재해야 하며, 법인의 경우에는 법인등기부등본이 첨부되어야 합니다.

2. 피고소인

성 명		주민등록번호		
주 소				
직 업		사무실 주소		
전 화	(휴대폰)	(자택)	(사무실)	
이메일				
기타사항				

3. 고소 취지
   고소인은 피고소인을 허위유치권 등 공정한 경매 진행을 방해한 사유로 경매방해죄 및 사기죄로 고소하오니 처벌하여 주시기 바랍니다.*

4. 범죄 사실
   ※ 범죄 사실은 형법 등 처벌법규에 해당하는 사실에 대하여 일시, 장소, 범행방법, 결과 등을 구체적으로 특정하여 기재해야 하며, 고소인이 알고 있는 지식과 경험, 증거에 의해 사실로 인정되는 내용을 기재하여야 합니다.

5. 고소 이유
   ※ 고소 이유에는 피고소인의 범행 경위 및 정황, 고소를 하게 된 동기와 사유 등 범죄 사실을 뒷받침하는 내용을 간략, 명료하게 기재해야 합니다.

6. 기타
   본 고소장에 기재한 내용은 고소인이 알고 있는 지식과 경험을 바탕으로 모두 사실대로 작성하였으며, 만일 허위사실을 고소하였을 때에는 형법 제156조 무고죄로 처벌받을 것임을 서약합니다.

20   년   월   일*

고소인   (인)*
제출인   (인)

인천지방검찰청 부천지청장 귀중

유치권 포기각서

〈 경매 사건: 2000타경0000 〉
경기도 부천시 OOO OO OOO OOOOOOOO

위 당사자 간 사건에 관하여 신청인은 2000.00.00.에 유치권 신고를
하였지만, 유치권에 관한 모든 권리를 포기하고, 향후 유치권 포기와
관련해 일체의 이의제기를 하지 않겠습니다.

유치권자: OOO(−   )
경기도 OO시 OOOO OOOO OOO

낙찰자: OOO(−   )
경기도 OO시 OOOO OOOO OOO

SubNote 유치권 해결 시나리오

1. 사전 정보를 입수한다.

- 유치권 관련 법원의 공부(현황조사서, 매각물건명세서 등)를 분석한다.
- 유치권 신고서류를 분석(이해관계인의 도움)한다.
- 현장을 확인(점유, 플래카드 부착, 시정장치 유무 등)한다.

2. 민사소송과 형사소송을 병행한다.

▼ 민사소송
- 인도명령 : 유치권자의 주장이 근거 없음이 명백한 경우
- 명도소송 : 유치권 성립 여부가 불확실할 경우 인도명령과 동시에 제기한다.
- 유치권부존재 확인소송 : 채권자가 경매신청을 한 후 유치권 신청이 들어올 때 매수가격 저감 방지 등을 위해 통상 경매신청 전에 많이 한다.
- 점유방해금지가처분 : 매수인이 잔금을 완납하고 점유를 확보한 뒤 유치권자가 점유를 침탈하려고 할 때 점유방해금지가처분을 신청할 필요가 있다.
- 손해배상 청구소송 : 소송 결과 유치권이 인정되지 않을 때는 불법점유에 따른 손해배상 책임(임료 상당)이 있다.

▼ 형사고소
- 허위유치권의 외관을 보임으로써 입찰가 저감 등 공정한 경매를 방해할 경우 위계에 의한 경매입찰방해죄(형법 315조), 공사도급계약서를 위조해 법원에 제출했다면 사문서 위조 및 동행사죄(형법 231조) 등 죄목으로 고소한다.
- 유치권자가 매수인의 점유를 침탈하려고 시도할 경우 주거침입죄(형법 319조), 재물손괴죄(형법 366조), 업무방해죄, 폭행·협박·상해죄 등 죄목으로 고소한다.

룸살롱 20억 원
유치권을 깨라

늘 눈여겨보던 상동 요지에 기막힌 물건이 나왔다. 상동역 바로 앞에 실평수 200평대의 초역세권 상가로 너무나 좋은 역세권 물건이지만 문제는 경매 투자자들이 가장 기피하는 룸살롱 건물이다. 유치권만 20억 원이 걸려있다. 공매로 나왔기에 명도소송으로 해결해야 한다. 대지권미등기까지 있어 대출도 잘 안 된다. 산 넘어 산이다.

투자법인 멤버들과 이 물건을 검색한 후 들어가야 할지 말지 난상토론을 벌였다. 너무나 좋은 물건인데 만약 20억 원 유치권을 해결하지 못하면 마치 에덴의 동산에서 금단의 열매를 따 먹은 아담과 이브처럼 경매 세계에서 영원히 떠나야 한다. 유치권 외에도 미납관리비만 1억 원 이상 있기에 들어갈 자금도 만만치 않다.

입찰 당일까지 고민하다가 손정의 사장의 '정정략칠투(頂情略七鬪)' 베팅이론에 따라 과감히 저질렀다. 어떤 사업 아이템을 놓고 시작할 때 '70%의 확률이라면 과감히 도전해야 한다. 너무 완벽을 추구하려다간 타이밍을 놓치기 쉽다. 그렇다고 승산이 낮은데도 턱없이 들어갈 수 없기에 대략 70% 정도의 승산이 있으면 도전하라'는 뜻이다.

온비드 공매지에 나온 매각물건명세서를 찬찬히 검토해본다.

첫째, 비록 20억 원의 유치권이지만 최근까지 10여 년간 운영한 룸살롱이라는 점을 감안하면 유치권이 성립할 여지는 적다. 아마도 룸살롱 초창기 시설비로 유치권을 신고했을 것이다.

둘째, 대지권미등기 물건이라 대출이 거의 나오지 않는다. 소요자금이 많이 들어간다. 모자란 자금을 어떻게 해결해야 할까?

셋째, 부천 최대 규모 룸살롱이라면 뒤에서 봐주는 이들이 있을 텐데 어떻게 처리해야 할까?

《삼국지》에서 유비가 죽은 후 어린 황제 유선을 앞에 두고 다섯 갈래로 쳐들어오는 위나라의 강적들을 하나씩 각개격파 해나가는 제갈공명의 지혜를 발휘해야만 할 때다.

수많은 고민을 거듭한 끝에 일단 가져오기로 했다. 공매 물건이기에 예상되는 소송은 유치권부존재를 포함한 명도소송 외에 대지권미등기 소송이다. 소송이 길어질 경우 1년 이상 걸리기에 함께 공투하기로 한 멤버들의 의지가 중요했다. 만약 도중에 이탈자가 생기면 서로 힘들어진다. 워낙 고난도 물건인지라 입찰가가 5억 원 이하로 저감돼 있었다. 낙찰만 된다면 한번 붙어볼 만한 물건이다. 입찰 결과를 보니 예상외로 많이 들어왔다. 2등과 근 1,000만 원 차이로 낙찰됐다. 5억 원 이하로 받았으니 1년 이내에 해결만 한다면 왕대박 물건이다.

먼저 대출을 알아보니 대부분의 은행이 난색을 보인다. 유치권도 유치권이지만 대지권미등기 건물인지라 대출 자체가 불가하다는 입장이다. 자주 거래해온 은행 대출상담사와 법무사 등을 풀 가동했으나 유치권 20억 원과 대지권미등기가 있어 쉽지 않다. 고민 끝에 한 은행에 생돈 1억 원을 입금하고 6개월 내 대지권미등기를 해결하는 조건으로 4억 원을 대출받았다. 길이 없으면 길을 만들어 가야 한다. 20억 원 유치권 때문에 대출이 안 나올 것이라고 미리 단정할 필요는 없다. 은행직원에게 유치권부존재 사유를 차분히 설명하고 대지권미등기도 소송으로 찾아올 수 있음을 설득한 끝에 결국 내 돈을 넣고 4억 원을 대출받는 기상천외한 방법으로 대출을 끌어냈다. 대출 문제가 해결되니, 마음이 편하다. 이제 유치권만 격파하면 된다.

매각명세서에 나와 있는 채무자는 묘령의 여성이다. 실제 주인으로 보이지는 않고 대부분 바지사장을 전면에 내세우는 룸살롱의 특성상 실제 오너가 따로 있을 것이다. 채무자로 등재된 여성은 아마 사장의 친인척이나 운영 마담 중 한 명으로 보인다. 주소를 확인해보니 인적이 드문 곳으로 피신한 상태다. 아마 신용불량 상태라 구상권 소송을 걸어봤자 건질 것도 별로 없을 것이다.

온비드 지사에 가서 매각물건명세서를 다시 한 번 차분히 뒤져본다. 유치권자로 추정되는 몇몇 전화번호가 있어 연락해보니 웬 남자가 전화를 받는다. 일단 만나자고 했다. 위풍당당한 K선배를 비롯해 투자 멤버들에게 연락한 후 해당 물건지에서 만났다. 건물 전체가 소등돼 컴컴한 가운데 이 남성이 어디선지 전원 스위치를 켠다. 공포 분위기를 조성하려고 했는지 일부러 저녁 시간에 만나자고 한 것 같다. 건물 곳곳을 둘러보니 완전 A급 고급 룸살롱이다.

룸살롱 특유의 화려한 샹들리에와 빨간색 소파가 이채롭다. 화려한 샹들리에 불빛 아래 빨간색 소파에 앉아 서로 상대방을 탐문하기 시작한다. 저쪽의 요지는 이러하다.

△ 낙찰받은 룸살롱 건물 내부

'그쪽에서 잘 몰라서 들어온 것 같은데 이쪽은 보통내기들이
아니다. 감방에 간 형님도 있다. 좋은 말 할 때 들어간 비용 정도
는 내줄 테니 우리 쪽에 다시 넘겨라.' 도무지 말이 통하지 않는
다. 유치권 내역을 물어봐도 협박만 할 뿐 도통 자세한 내역을 말
하지 않는다. 시종일관 말도 안 되는 이야기로 겁만 준다. 결국, 5
분 만에 협상은 결렬된다.

일단 철수 후 5가지 시나리오를 그려본 후 단계적 착수에 들
어갔다.

첫째, 법원에 점유이전금지가처분 신청을 해서 상대방의 장난
질을 막아둔다. 공매지에 없는 제3자가 임차인으로 신고한 후 들

어올 경우 강제집행이 힘들어진다. 또한 집행관이 계고장을 붙임 으로써 상대방을 압박하는 효과도 있다.

둘째, 유치권부존재를 포함한 명도소송을 제기한다. 한국자산관리공사 인천지사에서 열람한 사건 기록들을 토대로 유치권자 사무실 주소로 찾아가니 현관문이 굳게 잠겨 있다. 진성이라면 낙찰자를 만나 적극적으로 유치권을 주장할 텐데, 갈 때마다 문이 닫혀 있다.

셋째, 대지권미등기 소송을 건다. 일반적으로 건물의 대지권 미등기는 여러 사유가 있으나, 이 물건지의 경우 분양대금은 낸 상태기에 원매자인 분양회사만 동의하면 찾아올 수 있다. 그러나 저러나 원분양회사도 부도난 상태라 서류를 찾을 길이 없다. 설사 찾는다 하더라도 상당한 돈을 요구할 것이기에 차라리 소송으로 찾는 게 빠르다는 판단이 들었다. 빨리 대지권미등기를 풀어야 온전한 대출이 나오는데 소송으로 하려니 시간이 정처 없이 흘러간다. 근 6개월 만에 대지권 청구소송에서 승소판결을 받았다.

넷째, 마지막 수단으로 유치권자와의 협상이 진척이 안 될 경우를 대비해 경찰서에 고소장을 제출하기로 했다. 문제는 유치권자의 구체적인 경매 입찰방해 행위가 없다. 이대로는 고소장 접수가 되지 않는다.

다섯째, 부천시청에 위락시설 영업허가 직권말소를 신청한다. 고급 오락장용 건물은 취득세와 재산세 및 공동시설세가 중과된다. 위락시설을 할 업자에게 재임차를 줄 생각이 아니라면 관할 구청에 영업허가 직권말소 절차를 밟아야 중과세를 부담하지 않는다. 이 방법은 영업 재개를 고려하는 점유자를 압박하는 효과도 있다.

관건은 유치권부존재를 포함한 명도소송이다. 애초 예상은 1심 재판에서 쉽게 끝날 것으로 예상했다. 그런데 재판기일 법정에 가보니 상대측에서 변호사를 선임했다. 사건 해결이 쉽지 않겠다는 생각에 부랴부랴 잘 아는 변호사를 선임해 차분히 대응했다. 이후 명도소송은 근 1년을 끌었다. 유치권자와는 명도소송이 끝날 때까지 협상을 계속했으나 서로의 기대치가 너무 달랐다.

명도소송의 하이라이트는 20억 원 유치권 신고한 자를 대상으로 한 증인소환 신청이다. 법원에 유치권자를 출석시켜 자초지종을 들어본 후 허위사실이 나올 경우 바로 위증죄나 경매방해죄로 고소할 준비까지 마친 상태다. 그런데 유치권자가 이를 잘 아는지 불출석사유서만 제출하고 나타나질 않는다. 불출석사유서 내용도 '과거에는 유치권이 있었던 것 같은데 지금은 없는 것 같다'는 다소 두리뭉실한 내용이다.

점유이전금지가처분 신청

채권자 이름: 전병수(○○○○○○-○○○○○○○)
      주소:
      연락처:

채무자 이름: ○○○(○○○○○○-○○○○○○○)
      주소:
      연락처:

목적물의 가액의 표시: 금 ○○○,○○○,○○○원
목적물의 표시: 별지목록 기재 부동산 중 ○층 ○○○㎡

부동산 점유이전금지가처분

신청 취지

1. 채무자는 별지목록 기재 부동산에 대한 점유를 풀고 채권자가 위임하는 집행관에게 인도해야 한다.
2. 위 집행관은 현상을 변경하지 않는 것을 조건으로 채무자에게 이를 사용하게 해야 한다.
3. 채무자는 그 점유를 타인에게 이전하거나 또는 점유 명의를 변경해서는 안 된다.
4. 집행관은 위 명령의 취지를 적당한 방법으로 공시해야 한다.
라는 재판을 구합니다.

신청 이유

1. 채권자들은 별지목록 기재 부동산에 대해 2○○○.○○.○○.에 한국자산관리공사의 공매 절차를 통해 금 ○○○,○○○,○○○원에 낙

찰받은 후 2○○○.○○.○○. 매각대금을 모두 납입함으로써 별지목록 기재 부동산의 소유권을 취득했습니다.

2. 그런데 채무자 ○○○는 별지목록 기재 부동산에 관해 채권자들의 공매 낙찰로 그 권리가 모두 소멸했으므로 별지목록 기재 부동산을 점유할 권리나 권한이 없는데도 무단 사용하고 있습니다.

3. 따라서 채권자들은 채무자들을 상대로 건물명도 청구의 본안 소송을 제기하려고 준비 중에 있으나 위 판결 이전에 채무자들이 점유명의를 변경한다면 채권자들이 나중에 위 본안 소송에서 승소판결을 받더라도 집행불능이 되므로 이의 집행보전을 위해 이 사건 신청에 이른 것입니다.

4. 다만 이 사건 가처분에 따른 담보 제공은 민사집행법 제19조 제3항, 민사소송법 122조에 의하여 보증보험증권으로 제출할 수 있게 허가해 주시기 바랍니다.

소명 방법

1. 갑 제1호증 매각결정통지서 1통
2. 갑 제2호증 건물 등기부등본 1통

첨부 서류

1. 위 소명 방법 각 1통
2. 건축물대장 등본 1통

○○○○년 ○○월 ○○일
위 채권자 전병수 (인)

인천지방법원 부천지원 귀중

소장

원고　이름: ○○○ (　　　－　　　)
　　　주소: 경기도　　　　　(연락처)
피고　이름: ○○○ (　　　－　　　)
　　　주소: 경기도　　　　　(연락처)

건물명도 등 청구의 소

청구 취지

1. 피고는 원고에게
　가. 별지목록 기재 부동산에 관하여 명도하고
　나. 2○○○.○○.○○.부터 위 부동산 명도 시까지 매월 금
　7,000,000원의 비율에 의한 금원을 지급하라.
2. 소송비용은 피고의 부담으로 한다.
3. 위 제1항은 가집행할 수 있다.
　라는 판결을 구합니다.

청구 원인

1. 당사자의 지위
　원고는 2○○○.○○.○○. 한국자산관리공사 조세정리부에서 진행
　하는 공매 절차에서 경기도 부천시 ○○○ 제○층 제○○호(이하 '이
　사건 부동산'이라고 함)를 낙찰받고 2○○○.○○.○○.에 잔금을 완납
　한 소유자들이고, 피고들은 각각 이 사건 부동산이 낙찰되기 전 소
　유자와 이 사건 부동산에 '○○○' 상호명으로 사업자를 내고 영업을
　했던 임차인으로서 현재는 무상 사용하는 자입니다.

2. 피고의 허위유치권 신고 및 무단 사용에 대해
　가. 원고는 한국자산관리공사 조세정리부에서 이 사건 부동산을 낙
　　찰받고 잔금을 완납한 후에 이 사건 부동산에 수차례 방문했으나,

피고들은 건물 감정가액의 2배에 상당하는 20억여 원의 유치권을 신고해놓고 출입문을 폐쇄한 채 잠적한 상태입니다.

나. 특히 피고들은 이 사건 부동산의 공매 당시 본인들이 사건 부동산을 입찰받기 위해 지인을 통해 20억 원이나 되는 터무니 없는 금액의 허위유치권을 신고해놓고 입찰에 참가했으나, 입찰에 탈락하자 원고의 명도청구에는 일절 응하지 않고 있습니다.

3. 결론

그렇다면 피고들은 별지목록 기재 부동산에 대해 보증금 없는 월임료 상당의 부당이득을 취하고 있다고 할 것이고, 원고가 소유권을 취득한 2000.00.00.부터 이 사건 부동산을 명도할 때까지 보증금 없는 월임료 상당의 금원을 원고에게 지급할 의무가 있다고 할 것인데, 정확한 월임료는 추후 감정에 의해 특정키로 하고 우선 이 사건 부동산의 감정가에 기초하여 월차임 7,000,000원을 구합니다. 따라서 원고들은 청구 취지와 같은 판결을 구하고자 이 사건 소송을 제기합니다.

입증 방법

1. 갑 제1호증 매각결정통지서
2. 갑 제2호증 등기부등본
3. 갑 제3호증 공매 사건 열람내역(2000-00000-001)

첨부 서류

1. 위 입증 방법 각 1통
2. 건축물대장   1통

○○○○년 ○○월 ○○일
위 원고 ○○○ (인)

인천 지방법원 부천지원 귀중

소장

사건명 토지(대지권) 소유권이전등기절차이행청구의 소

원고 이름: ○○○ (–   )
       주소:
       연락처:
피고 이름: ○○○ (–   )
       주소:
       연락처:

청구 취지

1. 피고는 원고에게 별지목록 기재 부동산에 대해 2○○○년 ○○월 ○○일 공매를 원인으로 취득한 토지 대지권의 이전등기 절차를 대지권 비율에 따라서 ○○○에게 이행하라.
2. 소송비용은 피고가 부담한다.
라는 판결을 구함.

청구 원인

1. 원고는 피고소유 별지목록 기재 토지를 2○○○년 ○○월 ○○일 공매로 취득했습니다.
2. 별지목록 기재의 부동산은 대지권미등기이나 최초 분양자인 ○○○, 이전 소유자인 ○○○, 원고 모두 토지대금을 완납했습니다.
3. 피고를 수소문해 대지권등기를 하려 했으나 분양 이후 오랜 세월이 지나 연락이 되지 않아 청구 취지와 같은 판결을 구하고자 본소 청구에 이른 것입니다.

　　명도소송은 결국 이상한 방향으로 흘렀다. 법정에 상대방 변호사가 계속 나오긴 했는데 도무지 누가 선임했는지 알 수가 없다. 명도소장 작성 시에는 점유자 특정이 중요하다. 사실 이 사건에서는 점유자와 채무자, 유치권자를 지정해 소송을 진행했으나 점유자 특정이 쉽지 않았다. 실제 오너가 따로 있었기 때문이다.

상대방 변호사도 '아무도 유치권을 주장하지 않는다, 건물 내 어떤 점유자도 없고 그 누구도 건물입주를 방해하지 않고 있다'는 식으로 대응하기에 재판이 엉뚱한 방향으로 흘러갔다. 결국, 명도소송은 기각됐으나 이러한 내용의 판결권원을 근거로 바로 집행에 들어갔다. 점유이전금지가처분 신청으로 그 누구도 점유하지 않고 있고, 그 누구도 유치권을 주장하지 않기에……

마지막으로 집행하기 전 007작전으로 마무리했다. 불 꺼진 건물 내 CCTV 카메라를 설치해두고 혹시나 모를 불법침입자(?)에 대비했다. 혹시나 나타나면 바로 관할 경찰서에 주거침입죄로 고소할 계획까지 세워두었으나, 한 달여간 아무도 나타나질 않는다.

근 1년간 끌었던 소송이 결말은 너무나 쉽게 끝났다. 건물 내 소파를 모두 분해하니 5톤 트럭으로만 5대 이상의 물량이 나왔다. 집기류 이사비와 창고보관료만도 1,000만 원 이상 들었다. 건물 관리비도 1억 2,000만 원 이상 미납됐기에 관리소장과 마찰이 불가피했다. 단전·단수 압박을 강요하며 체납관리비 납부를 채근하는 관리소장과 수차례 협상한 끝에 결국 60% 선에서 타협했다.

12월에 낙찰받고 그다음 해 12월에 명도했으니 거의 1년이다. 이 상가는 5억 원이 안 되게 낙찰받았으나 1년 반쯤 후 다른 1금융권 은행에 건물 재감정을 넣고 6억 원을 다시 대출받았다. 투입 비용은 대출금으로 거의 다 회수했다. 투자금은 별로 없고 이자만 부담하며 역세권 200평 상가 건물주가 됐으니 소위 무피 투자의 최고봉이라고나 할까?

SubNote 대지권미등기 해결 방법

1. 대지사용권

대지사용권이란 아파트 등 집합건물의 구분소유자가 전유부분을 소유하기 위해 건물의 대지에 가지는 권리를 말한다. 집합건물에서 전유부분의 소유자는 전체 면적 중 일정 면적에 대한 대지사용권을 가지는데 이 대지사용권 중에 전유부분과 분리해서 처분할 수 없는 권리를 대지권이라 한다. 경매나 공매에서 대지권미등기 상태의 건물을 낙찰받은 경우 일반적으로 낙찰자는 대지사용권에 대해서도 유효하게 권리를 취득할 수 있다. 대지권이 전유부분 표시란에 등기되면 '대지권 등기됐다'고 말하며, 대지권이 미등기된 상가에 대해서는 대부분의 은행이 대출을 기피하기에 대지권 소송(대지권 소유권이전등기절차이행청구의 소) 등을 통해 빨리 찾아와야 한다.

2. 집합건물 대지권이 미등기된 경우

① 국유지나 사유지 토지에 건축된 집합건물로 전유부분의 소유자는 대지에 대한 권리를 가지지 못해 실제 대지권이 없는 경우로 감정평가서상의 평가액은 전유부분의 건물만 평가되는 경우

② 신규 집합건물을 분양하는 경우 실제 대지권까지 분양받았으나 필지가 너무 많아 대지의 합필 및 환지 절차가 지연된 경우

③ 재건축 · 재개발의 경우 내부분쟁 등 사유로 등기부상 대지권등기가 되지 않는 경우

④ 다른 수분양자가 분양대금의 납부를 지연한 경우

⑤ 집합건물의 분양 시 전유부분만 등기 분양하고 대지권은 분양하지 않고 대지사용료를 받는 경우

3. 대지권미등기 경매 부동산의 대지권 취득

① 시유지나 국유지의 집합건물이 아닌 일반 집합건물이 대지권미등기인 상태에서 경매신청됐을 경우 최초 수분양자가 전유부분뿐만 아니라 대지권까지 분양됐고, 분양대금을 완납했으며 감정평가서상에 미등기 대지권까지 감정평가됐다면 전유부분만을 경매로 취득하더라도 차후에 낙찰자는 대지권을 취득하게 된다.

② 대지권의 가격이 감정평가금액에서 누락됐을 경우에는 낙찰 후 토지지분에 대해서 대지권 소유자로부터 추가로 매입해야 하고, 대지권 소유자가 집합건물의 소유 및 관리에 관한 법률 제7조 구분소유권 매도청구권을 행사해 낙찰자에게 구분소유권에 대한 매도를 요구하면 시가로 소유권을 이전해야 한다.

③ 또한 분양자와 중간소유자의 적극적인 협력이나 계속적인 행위가 없더라도 그 목적을 달성할 수 있으므로, 수분양자가 분양자에게 그 분양대금을 완납한 경우는 물론 그 분양대금을 완납하지 못한 경우에도 전유부분의 소유권자는 분양자로부터 직접 대지권을 이전받기 위해 분양자를 상대로 대지권변경등기 절차의 이행을 소구할 수 있고, 분양자는 이에 대해 수분양자의 분양대금 미지급을 이유로 한 동시이행항변을 할 수 있을 뿐이다.

※ 참조 판례
· 대법원 2001.09.04. 선고 2001다22604 판결(부당이득금 반환)
· 대법원 2004.07.08. 선고 2002다40210 판결(대지군의 표시등기절차이행)
· 대법원 2006.09.22. 선고 2004다58611 판결(소유권이전등기)

※ 그러나 수분양자가 대지지분에 대한 대금을 지급하지 않았거나 토지별도등기에 의해 대지권이 없는 경우라면 별도의 대지권 매입비용이 들 수도 있으니 유의해야 함.

SubNote 증인소환이란?

당사자가 법원에 증인신청서를 제출할 경우 담당 재판부는 선정된 증인에게 출석
요구서를 송부한다. 소환된 증인은 1)출석 2)선서 3)증언의 의무가 있다. 일반적으
로 증인은 기억에 반하는 진술이나 거짓을 말해서는 안 되고, 사실을 진술해야 한
다. 그러하지 않으면 위증죄로 처벌된다.

> 형법 제152조(위증, 모해위증)
>
> ① 법률에 의하여 선서한 증인이 허위의 진술을 한 때에는 5년 이하의
> 징역 또는 1,000만 원 이하의 벌금에 처한다.
> ② 형사사건 또는 징계사건에 관하여 피고인, 피의자 또는 징계혐의자
> 를 모해할 목적으로 전항의 죄를 범한 때는 10년 이하의 징역에 처한다.

1) 출석: 출석요구를 받은 증인이 정당한 사유 없이 기일에 출석하지 않을 시 법원
은 증인에 대해 구인을 명하거나 500만 원 이하의 과태료를 부과할 수 있다(형사소
송법 제151조). 법원에 참석하기 힘든 피치 못할 사정이 있는 증인은 반드시 불출석
사유서를 제출해야 한다.

2) 선서: 증인은 신문 전에 선서해야 한다. 이는 법원에 대해 진실을 말할 것을 맹
세하는 것이다. 선서서에는 "양심에 따라 숨김과 보탬이 없이 사실 그대로 말하고
만일 거짓말이 있으면 위증의 벌을 받기로 맹세합니다"라고 기재돼 있다(형사소송
법 제157조 제2항).

3) 증언: 증인은 신문 받은 사항에 대해 증언할 의무가 있다.

증인신문 방법

증인을 신청한 자는 증인신문 사항을 변론기일 1주일 이전에 작성해 법원에 제출
해야 한다. 당사자는 증인신문에 참여할 권리가 있으며, 당사자 일방이 증인을 심
문할 경우 반대 당사자도 반대 신문할 기회가 주어진다. 신문 방법은 원칙적으로
구두로 해야 하고, 교호신문[주신문→반대신문→ 재(再)주신문→재(再)반대신문]으로 이
루어진다.

고시원 유치권은
어떻게 깰까?

기본이 바로 설 때 사람도, 사업도
다시 태어나는 법이다.
– 이나모리 가즈오, 교세라 명예회장 –

성남 가천대역 앞에 고시텔 건물이 통째로 나왔다. 실평수로 230평의 공간에 고시텔 호실만 60개 이상이다. 성남 시내 역세권 상가건물이라 눈여겨보고 있었는데 집에서 거리가 멀어 운신하기 힘든 데다 감평가도 높아 혼자 감당하기는 힘들다. 이렇게 큰 물건은 공투로 들어가야 한다. 유치권 명도협상에도 참여한 K선배가 멤버들과 함께 낙찰받은 물건이나, 좋은 공부 소재가 될 것 같아 소개하고자 한다.

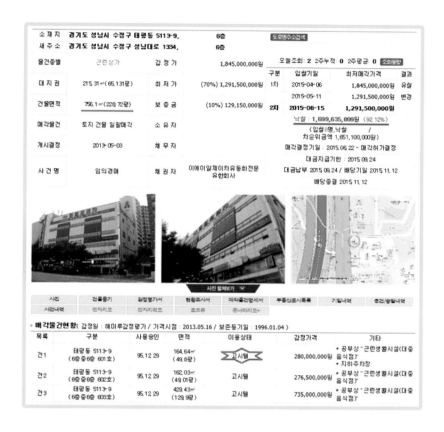

| 소재지 | 경기도 성남시 수정구 태평동 5113-9, | 6층 | 도로명주소검색 |
| 새주소 | 경기도 성남시 수정구 성남대로 1334, | 6층 | |

| 물건종별 | 근린상가 | 감정가 | 1,845,000,000원 |

오늘조회 2 2주누적 0 2주평균 0 조회동향

구분	입찰기일	최저매각가격	결과
1차	2015-04-06	1,845,000,000원	유찰
	2015-05-11	1,291,500,000원	변경
2차	**2015-06-15**	**1,291,500,000원**	

| 대지권 | 215.31㎡ (65.131평) | 최저가 | (70%) 1,291,500,000원 |
| 건물면적 | 756.1㎡ (228.72평) | 보증금 | (10%) 129,150,000원 |

낙찰 : 1,699,635,899원 (92.12%)

(입찰6명,낙찰: / 차순위금액 1,651,100,000원)

| 매각물건 | 토지 건물 일괄매각 | 소유자 | |
| 개시결정 | 2013-05-03 | 채무자 | |

매각결정기일 : 2015.06.22 - 매각허가결정
대금지급기한 : 2015.09.24

| 사건명 | 임의경매 | 채권자 | 이에이제이차유동화전문 유한회사 |

대금납부 2015.09.24 / 배당기일 2015.11.12
배당종결 2015.11.12

| 사진 | 건물등기 | 감정평가서 | 현황조사서 | 매각물건명세서 | 부동산표시목록 | 기일내역 | 문건/송달내역 |
| 사건내역 | 전자지도 | 전자지적도 | 로드뷰 | 온나라지도+ | | | |

■ 매각물건현황 (감정원 : 해마루감정평가 / 가격시점 : 2013.05.16 / 보존등기일 : 1996.01.04)

목록	구분	사용승인	면적	이용상태	감정가격	기타
건1	태평동 5113-9 (6층중6층 601호)	95.12.29	164.64㎡ (49.8평)	고시텔	280,000,000원	◆ 공부상 "근린생활시설(대중음식점) ◆ 지하주차장
건2	태평동 5113-9 (6층중6층 602호)	95.12.29	162.03㎡ (49.01평)	고시텔	276,500,000원	◆ 공부상 "근린생활시설(대중음식점)
건3	태평동 5113-9 (6층중6층 603호)	95.12.29	429.43㎡ (129.9평)	고시텔	735,000,000원	◆ 공부상 "근린생활시설(대중음식점)

이 물건의 해결 포인트는 대략 세 가지다.

첫째, 고시텔 내 숙식하고 있는 임차인 60여 명을 모두 명도
시켜야 한다. 사실 매각물건명세서에는 60개 호실로 나와 있지만
실제로는 86개 호실이다. 일부 임차인은 고시텔 안에 전입신고까
지 했다.

임차인	점유부분	전입/확정/배당	보증금/차임	대항력	배당예상금액	기타
고	주거용 77호	전 입 일 : 2013.04.17 확 정 일 : 2013.04.18 배당요구일 : 2013.06.19	보20,000,000원	없음	소액임차인	
김	주거용 28호	전 입 일 : 2013.05.03 확 정 일 : 2013.05.03 배당요구일 : 2013.06.19	보20,000,000원	없음	소액임차인	
김	주거용 22호	전 입 일 : 2013.06.28 확 정 일 : 2013.04.19 배당요구일 : 2013.06.19	보20,000,000원	없음	우선배당금없음	경매등기후 전입신고 현황상전 : 2013.04.23
김	주거용 52호	전 입 일 : 2013.05.02 확 정 일 : 2013.04.22 배당요구일 : 2013.06.19	보20,000,000원	없음	소액임차인	
김	주거용 51호	전 입 일 : 2013.05.01 확 정 일 : 2013.04.22 배당요구일 : 2013.06.19	보20,000,000원	없음	소액임차인	
김	주거용 45호	전 입 일 : 2013.04.19 확 정 일 : 2013.04.18 배당요구일 : 2013.06.19	보20,000,000원	없음	소액임차인	
김	주거용 50호	전 입 일 : 2013.04.23 확 정 일 : 2013.04.19 배당요구일 : 2013.06.19	보20,000,000원	없음	소액임차인	
박	주거용 49호	전 입 일 : 2013.04.23 확 정 일 : 2013.04.19 배당요구일 : 2013.06.19	보20,000,000원	없음	소액임차인	
손	주거용 16호	전 입 일 : 2013.04.17 확 정 일 : 2013.04.16 배당요구일 : 2013.06.19	보20,000,000원	없음	소액임차인	
손	점포 601호	사업자등록 : 2012.11.15 확 정 일 : 2002.08.21 배당요구일 : 2013.06.19	보50,000,000원	없음	배당순위있음	전세권등기자,현황상 보:2억2천만원
손	점포 602호	사업자등록 : 2012.11.15 확 정 일 : 2001.07.31 배당요구일 : 2013.06.19	보50,000,000원	없음	배당순위있음	현황상보:2억2천만원
손	점포 603호	사업자등록 : 2012.11.15 확 정 일 : 2001.07.31 배당요구일 : 2013.06.19	보80,000,000원	없음	배당순위있음	현황상보:2억2천만원
손	주거용 14호	전 입 일 : 2013.04.17 확 정 일 : 2013.04.16 배당요구일 : 2013.06.19	보20,000,000원	없음	소액임차인	
손	주거용 46호	전 입 일 : 2013.04.22 확 정 일 : 2013.04.18 배당요구일 : 2013.06.19	보20,000,000원	없음	소액임차인	
손	주거용 방1칸	전 입 일 : 2013.04.17 확 정 일 : 2013.04.16 배당요구일 : 2013.06.19	보20,000,000원	없음	소액임차인	
신	주거용 26호	전 입 일 : 2013.05.02 확 정 일 : 2013.05.06 배당요구일 : 2013.06.19	보20,000,000원	없음	소액임차인	
윤	주거용 18호	전 입 일 : 2013.04.16 확 정 일 : 2013.04.16 배당요구일 : 2013.06.19	보20,000,000원	없음	소액임차인	

　　보증금 2,000만 원 이상의 임차인이 10명 이상이나 되는 건 아무래도 이상하다. 채무자가 경매를 매우 잘 아는 사람으로 보인다. 경매가 개시될 것으로 예상하고 지인을 활용해 임차보증금을 2,000만 원씩이나 신고했을 것이리라. 만약 배당기일에 후순위

이해관계인들이 이의제기만 하지 않는다면 인당 1,600만 원씩 건지게 된다. 참고로 고시원은 주택법 적용을 받기에 상가임대차보호법이 아니라 주택임대차보호법 적용을 받는다.

주택임대차보호법에 의한 최우선변제금

저당권 설정일	대상 지역	소액보증금 적용 범위	최우선변제 보증금
1984.01.01 ~1987.11.30	특별시, 광역시	300만 원 이하	300만 원
	기타 지역	200만 원 이하	200만 원
1987.12.01 ~1990.02.18	특별시, 광역시	500만 원 이하	500만 원
	기타 지역	400만 원 이하	400만 원
1990.02.19 ~1995.10.18	특별시, 광역시	2,000만 원 이하	700만 원
	기타 지역	1,500만 원 이하	500만 원
1995.10.19 ~2001.09.14	특별시, 광역시	3,000만 원 이하	1,200만 원
	기타 지역	2,000만 원 이하	800만 원
2001.09.15 ~2008.08.20	수도권 중 과밀억제권역	4,000만 원 이하	1,600만 원
	광역시(군 제외)	3,500만 원 이하	1,400만 원
	그 외 지역	3,000만 원 이하	1,200만 원
2008.08.21 ~2010.07.25	수도권 중 과밀억제권역	6,000만 원 이하	2,000만 원
	광역시(군 제외)	5,000만 원 이하	1,700만 원
	그 외 지역	4,000만 원 이하	1,400만 원
2010.07.26 ~2013.12.31	서울특별시	7,500만 원 이하	2,500만 원
	수도권 중 과밀억제권역	6,500만 원 이하	2,200만 원
	광역시(군 제외) 안산, 용인, 김포, 광주 포함	5,500만 원 이하	1,900만 원
	그 외 지역	4,000만 원 이하	1,400만 원
2014.01.01 ~2016.03.30	서울특별시	9,500만 원 이하	3,200만 원
	수도권 중 과밀억제권역	8,000만 원 이하	2,700만 원
	광역시(군 제외) 안산, 용인, 김포, 광주 포함	6,000만 원 이하	2,000만 원
	그 외 지역	4,500만 원 이하	1,500만 원
2016.03.31~	서울특별시	1억 원 이하	3,400만 원
	수도권 중 과밀억제권역	8,000만 원 이하	2,700만 원
	광역시(군 제외) 안산, 용인, 김포, 광주 포함	6,000만 원 이하	2,000만 원
	세종시	6,000만 원 이하	2,000만 원
	그 외 지역	5,000만 원 이하	1,700만 원

둘째, 1억 3,000만 원짜리 유치권을 해결해야 한다. 그나마 다행스러운 점은 유치권부존재 확인소송에서 유치권자가 패소했다는 것이다. 유치권부존재 확인소송은 통상 채권자가 제기한다. 경매 진행 시 낙찰자들이 입찰을 꺼려 사전 정지작업 차원에서 승소판결을 받아두는 것이다.

유치권자는 고시원을 임차해 운영하는 손ㅇㅇ로 돼있다. 상가 임차인이 유치권신고를 한 경우 보통 임대차계약서상에 원상복구 조항이 있기에 영업하고 있는 임차인의 유치권은 잘 인정되지 않는다.

등기부현황 (채권액합계 : 2,006,000,000원)

No	접수	권리종류	권리자	채권금액	비고	소멸여부
1(갑2)	2000.08.17	소유권이전(매매)	손		2001년 7월 19일 가등기에 기한 본등기이행	
2(을11)	2001.11.17	근저당	우리은행 (성남남부지점)	1,056,000,000원	말소기준등기	소멸
3(을14)	2002.08.21	전세권(601호)	손	50,000,000원	존속기간: 2002.08.19~2008.08.18	소멸
4(을15)	2007.05.18	근저당	우리은행	600,000,000원		소멸
5(을16)	2012.09.24	손 전세권변경	손		존속기간: 2008.08.18~2018.08.18 변경계약	소멸
6(을17)	2012.10.02	손 전세권변경	손		존속기간: 2018.08.18~2028.08.18 변경계약	소멸
7(을18)	2012.11.13	근저당	박	300,000,000원		소멸
8(갑7)	2013.03.20	압류	성남시수정구			소멸
9(갑8)	2013.05.06	임의경매	우리은행 (여신관리부)	청구금액: 5,025,889,170원	2013타경11456	소멸
10(갑9)	2013.07.10	압류	성남시수정구			소멸
11(갑10)	2014.02.27	압류	분당세무서			소멸
12(갑11)	2014.10.08	압류	광주시			소멸
13(갑12)	2014.10.08	압류	성남세무서			소멸

기타사항 : ☞ 제 6층 601호 건물 등기부상
☞ 건물 등기부상 최초설정일 :602호,603호)2001.07.31. (전세권)

주의사항 : ☞ 2013.06.19.자 손   으로부터 금133,485,000원의 유치권 신고가 있으나, 유치권부존재확인의소(2014가합200578)에서 유치권자가 패소 확정됨.

통상적으로 임차인이 건물유지 보수가 아니라 단순히 자신의 편의와 이익을 위해 지출한 인테리어 공사비용은 유치권으로 인정되지 않는다. 물론 임차인이 아니라 실제로 인테리어 공사를 해주고 공사비를 못 받은 업자가 유치권을 주장한다면 얘기가 다를 것이다. 노래방이나 고시원 등을 운영하는 임차인들은 경매가 시작되면 자신들이 사용한 인테리어 초기시설비를 근거로 법원에 자동반사적으로 유치권을 신고한다. 물론 성립되지 않는다. 이 경우는 유치권부존재 확인소송에서 패소확정 판결까지 난 상태기에 유치권자가 더는 거론할 여지는 없다.

셋째, 6,000만 원 정도 밀려있는 거액의 미납관리비 문제를 단칼에 해결해야 한다. 상가 경매에서는 늘 부딪치는 문제다. 미납관리비는 6,000만 원 정도 밀려있으나 낙찰자가 다 부담하지는 않는다. 3년 치 공용부분 관리비만 내면 되기에 대략 4,000만 원 정도 될 것이다. 하지만 K선배는 낙찰자에게 책임이 있는 미납관리비를 단 한 푼도 내지 않았다. 과연 어떻게 해결했을까?

답은 배당표 분석에 있다. 유치권자이자 고시원 운영자인 손○○는 2002년 8월 보증금 2억 2,000만 원에 대해 전세권설정을 해두었기에 배당기일에 보증금 전부를 배당받는다. K선배는 미납관리비 납부를 독촉하는 관리사무소에 배당받을 것으로 예상되는 임차인의 전세권보증금에 대해 바로 가압류를 걸어 임차인이 미납한 관리비를 전부 배당에서 공제하도록 요구했다.

결국, 배당기일에 관리사무소의 이의로 배당이 배제된 임차인이 배당이의 신청을 제기했다. 하지만 본인이 질 걸 알았는지 공탁금을 걸지 않았고, 결국에는 본인이 배당받는 2억 2,000만 원에서 미납한 관리비는 전부 공제됐다.

넷째, 고시원에 입주한 임차인 60여 명의 운명은 어떻게 됐을까? 어설픈 경매 투자자라면 다수의 임차인들에게 휘둘릴 여지가 많아 이러한 부분을 가장 꺼려 할 수 있다. 그러나 곰곰이 살펴보면 고시원의 계약관행상 임차인 대부분은 한 달 치 깔세로 계약하기에 경매 낙찰자에게 대항할 수 없다. 이들 중 일부는 고시원에 무려 2,000만 원의 보증금을 주고 입주했다고 법원에 배당신고까지 했다. 법원 관계자뿐만 아니라 그 누가 봐도 허위임을 알 수 있다. 결국, 경매배당기일 당일에 보증금 2,000만 원을 신고한 임차인 3명이 출두했으나, 은행 측의 배당배제 신청으로 간단히 아웃되었다. K선배는 낙찰받은 지 보름 안에 임차인 60여 명을 모두 명도시키고 새로운 임차인들로 물갈이했다. 3~4개월 안에 86개 호실 전부를 채워 넣으니 월 임대료만 최소 2,000만원 이상 확보했다.

K선배는 경매계에서 워낙 유명한 고수로 통하니 옆에서 가만히 해결 과정을 지켜보는 것만도 많은 공부가 된다.

SubNote 배당배제와 배당이의 소송

▼ 배당배제란 본인보다 먼저 배당받는 자의 배당을 인정할 수 없으니 경매법원에 배당을 배제해달라는 요청을 제기하는 것이다. 상가 낙찰 이후 배당을 받는 임차인이 있고 관리비를 연체하고 잔금 후 바로 이사하지 않을 경우 월세와 체납관리비에 대해 배당배제를 신청해 공제받도록 하자.

▼ 집행법원은 배당기일 3일 전에 배당표 원안을 작성해 법원에 비치하므로 채권자 등 이해관계인은 배당기일에 앞서 열람을 할 수 있다.

  ※ 배당요구에 참여할 수 있는 이해관계인
  근저당권자 등 담보권자, 집행력 있는 정본을 가진 채권자, 경매개시결정등기 이후 가압류한 채권자, 우선변제청구권이 있는 채권자

▼ 배당이의 소송
법원에 비치된 배당표 원안을 열람한 이해관계인들은 배당표 원안에 적힌 내용에 이의가 있을 경우에는 반드시 배당기일에 출석해 이의를 제기해야 한다. 이때 이의가 없으면 바로 배당표 원안이 확정되고, 당일부터 배당이 실시된다. 그러나 이의를 제기하는 이해관계인이 있으면 배당기일로부터 1주일 내에 배당이의 소송을 제기해야 한다.

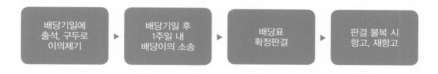

배당기일에 출석, 구두로 이의제기 ▶ 배당기일 후 1주일 내 배당이의 소송 ▶ 배당표 확정판결 ▶ 판결 불복 시 항고, 재항고

배당배제 신청

사건번호: ○○○○타경1234 부동산 임의경매

채권자: 주)○○○
채무자: ○○○

위 당사자 간의 경매 사건에 관해, 배당요구 채권자(임차인) ○○○에 대해 다음과 같은 이유로 배당배제 신청을 하니 위 배당요구 채권자를 배당에서 제외해주시기 바랍니다.

다음

1. 채권자는 2○○○.○○.○○. 채무자 ○○○과 부동산담보대출을 함에 있어 동일자로 아래 내역과 같이 근저당권을 설정했습니다.
   ① 소재지: ○○시 ○○구 ○○동 123 ○○ ○○호
   ② 접수번호: ○○○○
   ③ 대출금: 100,000,000원
   ④ 대출 기간: 2○○○.○○.○○.~2○○○.○○.○○.
   ⑤ 연이율: 13%(연체이율 20%)로 금전소비대차 약정을 했습니다.
2. 채무자 ○○○은 2○○○.○○.○○. 이자 수납 후 최종적으로 이자 연체를 개시한 이래 채무변제의 의사가 없으므로, 당사는 위 부동산에 대하여 근저당권 실행에 의한 임의경매 신청을 했고, 2○○○.○○.○○. 낙찰됐습니다.
3. 그런데 위 목적부동산의 소액임차인 ○○○(전입신고 2○○○.○○.○○.)이 배당요구를 하였는바, 위 ○○○은 채무자의 딸로 밝혀졌습니다(집행관 현황조사보고서). 이는 무주택 영세서민을 보호하기 위한

주택임대차보호법상의 최우선변제권을 악용한 허위의 가장임차인
이라 할 것입니다.
4. 따라서 채권자는 위 배당요구 채권자에 대해 배당배제를 신청합니다.

첨부: 집행관 현황조사보고서 사본 1통

○ ○ ○ ○ 년 ○ ○ 월 ○ ○ 일
위 채권자 ㈜ ○ ○ ○
대표이사 ○ ○ ○

수원지방법원 성남지원 경매○계 귀중

유치권자 도대체
어디 있니?

일대 일로 싸울 때도 상대방의 입장이 돼 생각해야 한다.

상대방은 병법에 밝고 지략이 뛰어난 상대를 만나 두려움에 전전긍긍하고

있을지도 모른다. 두려움에 사로잡힌 상대방을 쓰러뜨리기는 쉽다.

그러므로 싸움을 할 때는 상대방의 입장이 돼 상대방의 심리상태를

정확히 파악하고, 그에 걸맞은 적절한 방법을 강구함으로써 승리를

이끌어내야 한다.

— 미야모토 무사시, 《오륜서》에서 —

상가 경매를 하다 보면 종종 허위유치권이 신고된 경우를 목
도하게 된다. 일단 경험칙상 상가유치권은 시설 인테리어비로 신
고한 것으로 대부분 성립하지 않는 가짜라고 보면 된다.

유치권을 신고하는 목적은 다양하나. 대부분 해당 물건을 놓치고 싶지 않은 이전 주인의 비통한 마음을 반영한다. 일시적인 유동성 부족으로 자금이 고갈돼 경매에 들어갈 경우 일부 건물주들은 유치권신고와 같은 꼼수(?)를 생각하게 된다. 경매 물건에 유치권이 신고되면 내부 상황을 알기 힘든 입찰자로서는 긴장할 수밖에 없다.

일단 유치권 금액은 차치하고라도 대출에 그만큼 제한을 받게된다. 또한 유치권 성립이냐 아니냐를 떠나 금액이 많으면 인도명령 신청은 잘 받아들여지지 않는다. 통상적으로 집행법원에서는 경매 물건의 절차적 진행만 관여할 뿐 유치권 등 재산권과 연관된 복잡한 분쟁은 법원에서 유치권부존재 확인소송 등 민사로 다툴 것을 권한다. 그래서 일단 유치권이 성립되면 인도명령이 쉽게 받아들여지지 않을 수 있기에 명도에 상당한 시간을 소요할 가능성이 크다.

일산 역세권에 좋은 물건이 나왔다. 지하철 백석역 1분 거리의 초역세권 상가다. 64평이면 소호 사무실, 노약자시설 등등 여러 용도로 개발하기 딱 좋은 평수다. 다만 유일한 흠결이라면 유치권 3,500만 원이 신고된 사실이다.

소 재 지	경기도 고양시 일산동구 백석동 1331-1,				도로명주소검색			

물건종별	근린상가	감 정 가	280,000,000원	오늘조회: 1 2주누적: 0 2주평균: 0 조회동향			
				구분	입찰기일	최저매각가격	결과
대 지 권	50.2㎡(15.186평)	최 저 가	(70%) 196,000,000원	1차	2013-10-24	280,000,000원	유찰
건물면적	212.63㎡(64.321평)	보 증 금	(10%) 19,600,000원	2차	2013-11-28	196,000,000원	
매각물건	토지·건물 일괄매각	소 유 자	정	낙찰: 242,500,000원 (86.61%)			
개시결정	2013-05-20	채 무 자	정	(입찰7명,낙찰:고양 / 차순위금액 238,001,023원)			
				매각결정기일 : 2013.12.05 - 매각허가결정			
사 건 명	임의경매	채 권 자	인천수협	대금지급기한 : 2014.01.03			
				대금납부 2014.01.02 / 배당기일 2014.01.28			
				배당종결 2014.01.28			

• 임차인현황 (말소기준권리 : 2011.12.02 / 배당요구종기일 : 2013.09.11)

임차인	점유부분	전입/확정/배당	보증금/차임	대항력	배당예상금액	기타
(주)	점포 전부	사업자등록: 2003.04.01 확 정 일: 미상 배당요구일: 없음	보30,000,000원 월2,300,000원 환산26,000만원	없음	배당금 없음	환산보증금초과 방송시설 부가세별도
기타사항	☞ 임차인 주식회사 의 임차내역은 대표이사 의 진술내용에 의한 것임					

• 등기부현황 (채권액합계 : 212,000,000원)

No	접수	권리종류	권리자	채권금액	비고	소멸여부
1(갑3)	2011.12.02	소유권이전(매매)	정		거래가액:250,000,000	
2(을4)	2011.12.02	근저당	인천수협 (계산동지점)	182,000,000원	말소기준등기	소멸
3(을6)	2011.12.21	근저당	한덕우	30,000,000원		소멸
4(갑4)	2012.01.10	소유권이전 청구권가등기	황정란		매매예약	소멸
5(갑5)	2012.06.01	압류	영등포세무서			소멸
6(갑6)	2013.03.05	압류	국민건강보험공단			소멸
7(갑7)	2013.04.29	압류	고양시일산동구			소멸
8(갑8)	2013.05.20	임의경매	인천수협	청구금액: 142,796,163원	2013타경20966	소멸
주의사항	☞ 유치권신고 있음 - 으로부터 2013.11.25.유치권신고(기동 및 인테리어공사비 3500만원)					

유치권 금액이 3,500만 원으로 낙찰가 대비 큰 금액은 아니지만 명도 과정에서 다소 시끄러울 수 있다. 초역세권 상가인데 감정가가 다소 박하다. 이 정도 입지면 최근 낙찰률로 봐서는 최소 3억 3,000만 원 정도가 적정가로 판단되는데 2억 8,000만 원으로 평가돼 있다. 필자는 감정평가사들의 평가보고서를 100% 신뢰하지 않는다. 오히려 건물을 특정한 용도로 임대 또는 개발하려는 투자자의 시각이 더 정확할 수도 있다.

얼마를 쓸까 고민하다 감정가가 다소 싸게 잡혀있다는 점을 감안해 당시 낙찰가로는 파격적인(?) 86% 정도로 입찰했다. 경매 입찰자가 10명 내외면 승산 있다. 20명 이상이 들어오면 가능성은 희박하다. 항상 욕심내는 투자자들이 있기에 20명 이상 입찰자가 들어올 물건이라면 경매보다는 역으로 NPL 투자를 고민해 봐야 한다.

사실 이 물건은 S방송이 임차해 있어 사전에 관리비 미납 여부를 제대로 확인하지 않았다. 케이블채널도 있는 중견 방송사인데 설마 관리비를 미납할까 싶었다. 그러나 막상 낙찰 후 관리비를 확인해보니 2,000여만 원 이상이 밀려있었다. 이 정도 금액이라면 최근 3년 치를 한 번도 납부하지 않았다는 얘기다. 매월 수익을 내는 법인이 임차해 있는데 3년 치를 전부 미납했다는 게 이해되지 않았다.

낙찰받고 보름쯤 지나 K선배와 사무실로 쳐들어갔다. 일단 자초지종을 알아봐야겠기에 사무실을 방문해 탐문조사에 들어갔다. 임차해 있는 방송사 사장과 면담해 몇 마디 물어보니, 왠지 임차인이 건물주와 매우 연관이 많다는 느낌이 들었다. 임차 법인은 이 건물 분양 당시부터 10년 이상 입주해 왔기에 이 건물의 사정을 속속들이 알고 있다. 유치권자 얘기를 슬쩍 꺼내니 모른다고 한다. 느낌상 임차인인 이 사장이 걸었다는 느낌이 들었다. 지인을 통해 유치권을 신고한 후 이 건물을 싸게 낙찰받으려는 느낌이 왔다. K선배가 녹취하고 있는 사이에 하나씩 유도신문하기 시작한다. 그러나 도통 임차인이 속내를 잘 비추지 않는다. 녹취하고 있는지 잘 아는지 쓸데없는 말로 빙빙 돌리며 핵심을 계속 비껴갔다.

명도가 쉽지 않을 것 같다. 자리에서 일어나기 전 두 가지 요지로 경고성 멘트를 날렸다. 첫째, 누가 유치권신고를 했는지 모르겠으나, 법인이 임차해 사용 중인 건물이니 유치권은 성립하지 않을 것이며 그래도 계속 주장한다면 형사고소를 진행할 수밖에 없다. 둘째, 낙찰 잔금 이후부터는 월세가 부과되니 최대한 빨리 이사해야 한다.

임차인의 태도가 불분명했기에 잔금납부와 동시에 일단 고양지원에 인도명령 신청부터 해둔다. 잔금납부 후 이 사장과 협상 중에 허위유치권일 경우 경매방해죄로 형사처벌 될 수 있음을 은연중에 경고했더니 일절 거론하지 않는다. 건물 관리소장에게 물어봐도 1층 부동산 중개업소 사장님에게 물어봐도 유치권자를 모른다고 한다. 고양지원에 찾아가 사건기록에 나와 있는 유치권자의 연락처로 전화했다. 도무지 통화가 되지 않는다. 유치권자, 도대체 어디에 있는 거니?

결국, S방송은 두 달 후 이사했다. 미납관리비를 정산할 때까지는 이사비를 한 푼도 줄 수 없으며, 잔금 이후부터 부당이득에 해당하는 월세를 부담해야 한다고 경고했으나 두 달이나 시간을 끌었다.

미납관리비를 낼 의사가 전혀 없는 법인 임차인이 이사하자 건물 관리소와의 갈등이 시작된다. 단수·단전 조치를 했기에 건물을 사용하려면 관리소 측과 관리비 협상을 해야 하는데 3년 치 공유분을 주장해도 도대체 씨알이 먹히지 않는다. 결국은 명도 시점을 기준으로 이후는 필자가 납부하기로 하고 이전 관리비는 소송으로 법원에서 다투기로 했다. 소송은 1심에서 필자가 져서 결국 항소심까지 갔다. 항소심에서는 관리회사가 선임한 변호사와의 치열한 공방 끝에 필자의 의견이 일부 받아들여져 조정이 성립됐다.

이 건물은 명도 후 인테리어공사를 다시 해 학원 강의실 2개와 사무실 5개로 분할, 일부는 강의실로 일부는 회의실로 대관했다. 최근에는 관리가 번거로워 강의장을 분할해서 임차인들에게 세를 주고 월세를 받아오다가 낙찰가보다 1억 원 정도 오른 가격에 단박에 팔았다. 상가로 1억 원 정도 차익이 발생하면 미련 없이 팔아야 한다. 꾸준히 월세를 받아 매년 발생한 수익에다 매도 차익까지 생길 경우 두 마리 토끼를 다 잡는 격이다.

부동산 인도명령 신청

사건번호: 2○○○타경○○○○○

신청인(매수인): ○○○
      경기도 고양시 ○○○
피신청인(임차인): ○○○
      경기도 고양시 ○○○

위 사건에 관하여 매수인은 2017.○○.○○. 낙찰대금을 완납한 후 부동산을 점유 중인 임차인에게 별지 매수 부동산의 인도를 청구하였으나 임차인이 불응하고 있으므로, 귀원 소속 집행관으로 하여금 임차인의 위 부동산에 대한 점유를 풀고 이를 매수인에게 인도하도록 하는 명령을 발령하여 주시기 바랍니다.

2017년   월   일
매수인   (인)
연락처(☎) 010-○○○○-○○○○

의정부지방법원 고양지원 경매○계 귀중

SubNote 유치권 관련 민법 조문

제320조(유치권의 내용)

① 타인의 물건 또는 유가증권을 점유한 자는 그 물건이나 유가증권에 관하여 생긴 채권이 변제기에 있는 경우에는 변제를 받을 때까지 그 물건 또는 유가증권을 유치할 권리가 있다.

② 전항의 규정은 그 점유가 불법행위로 인한 경우에 적용하지 아니한다.

제321조(유치권의 불가분성)

유치권자는 채권 전부의 변제를 받을 때까지 유치물 전부에 대하여 그 권리를 행사할 수 있다.

제322조(경매, 간이변제충당)

① 유치권자는 채권의 변제를 받기 위하여 유치물을 경매할 수 있다.

② 정당한 이유 있는 때에는 유치권자는 감정인의 평가에 의하여 유치물로 직접 변제에 충당할 것을 법원에 청구할 수 있다. 이 경우에는 유치권자는 미리 채무자에게 통지하여야 한다.

제323조(과실수취권)

① 유치권자는 유치물의 과실을 수취하여 다른 채권보다 먼저 그 채권의 변제에 충당할 수 있다. 그러나 과실이 금전이 아닌 때에는 경매하여야 한다.

② 과실은 먼저 채권의 이자에 충당하고 그 잉여가 있으면 원본에 충당한다.

제324조(유치권자의 선관의무)

① 유치권자는 선량한 관리자의 주의로 유치물을 점유하여야 한다.

② 유치권자는 채무자의 승낙 없이 유치물의 사용, 대여 또는 담보 제공을 하지 못한다. 그러나 유치물의 보존에 필요한 사용은 그러하지 아니하다.

③ 유치권자가 전2항의 규정에 위반한 때에는 채무자는 유치권의 소멸을 청구할 수 있다.

제325조(유치권자의 상환청구권)

① 유치권자가 유치물에 관하여 필요비를 지출한 때에는 소유자에게 그 상환을 청구할 수 있다.

② 유치권자가 유치물에 관하여 유익비를 지출한 때에는 그 가액의 증가가 현존한 경우에 한하여 소유자의 선택에 좇아 그 지출한 금액이나 증가액의 상환을 청구할 수 있다. 그러나 법원은 소유자의 청구에 의하여 상당한 상환 기간을 허여할 수 있다.

제326조(피담보채권의 소멸시효)

유치권의 행사는 채권의 소멸 시효의 진행에 영향을 미치지 아니한다.

제327조(타담보 제공과 유치권소멸)

채무자는 상당한 담보를 제공하고 유치권의 소멸을 청구할 수 있다.

제328조(점유상실과 유치권소멸)

유치권은 점유의 상실로 인하여 소멸한다

진성 유치권자를
만났을 때

경매계에 회자되는 말 중 하나는 "유치권의 90%는 거짓말"이라는 속설이다. 경매에서 저비용 고효율을 추구하다 보면 때로는 예상치 못한 악재(?)를 만나기도 한다. 만약 낙찰받은 물건에 경매 정보지나 매각물건명세서상 유치권 내용이 분명히 없었는데 어느 날 갑자기 거액의 유치권을 주장하는 유치권자의 전화를 받는다면 어찌할까?

보통 유치권은 집행법원의 매각물건명세서상에 '유치권 신고 있음, 유치권 성립 여지 있음' 등으로 표시돼 있기에 어느 정도 그 위험을 대비할 수 있지만, 살다 보면 반드시 그렇지만은 않다. 때로는 신고된 유치권보다 신고되지 않은 유치권이 더 무서울 때가 있다.

　　요즘 들어 뜨는 동네인 평택 물건을 검색하다가 모처럼 대물(?)을 만났다. 감평가 2억 3,800만 원의 오피스텔이 50%까지 저감돼 진행 중이다. 집에서 100km 이상 떨어져 있지만 좋은 먹잇감을 보고 그냥 지나칠 수는 없다.

소 재 지	경기도 평택시 포승읍			도로명주소검색			
새 주 소	경기도 평택시 포승읍						
물건종별	오피스텔	감 정 가	238,000,000원	오늘조회: 1 2주누적: 8 2주평균: 1 조회동향			
				구분	입찰기일	최저매각가격	결과
				1차	2017-02-13	238,000,000원	유찰
대 지 권	22.47㎡(6.797평)	최 저 가	(34%) 81,634,000원	2차	2017-03-20	166,600,000원	유찰
				3차	2017-04-24	116,620,000원	유찰
건물면적	59.34㎡(17.95평)	보 증 금	(10%) 8,170,000원	4차	2017-06-12	81,634,000원	
				낙찰 125,770,000원 매각허가결정취소			
매각물건	토지·건물 일괄매각	소 유 자	김	5차	2017-10-30	81,634,000원	
				낙찰: 83,000,000원 (34.87%)			
개시결정	2016-03-18	채 무 자	김	(입찰1명,낙찰:(주)명지건설)			
				매각결정기일 : 2017.11.06 - 매각허가결정			
사 건 명	임의경매	채 권 자	남서울농협	대금지급기한 : 2017.12.14			
				대금납부 2017.12.13 / 배당기일 2018.01.31			

　　평택은 삼성전자 고덕산업단지 반도체 공장 신설과 팽성읍 미군부대 이전 및 지제역 KTX 개통 등 이슈가 많은 동네다. 특히 토지의 인기가 치솟으면서 이미 전국의 소문난 기획부동산 업자들이 평택으로 몰려들면서 활발한 땅 바뀜(?)이 일어나고 있다.

바야흐로 서해안 벨트 개발이 본격화되고 있는 시대의 거센 흐름을 좌시할 수 없어 필자도 아침에 일어나자마자 평택법원으로 향했다. 직선거리로 100km를 약간 넘는 거리이나 서울을 빠져나가기가 쉽지 않아 근 2시간 반 만에 도착했다. 얼마를 적어야 할까? 그래도 그간 낙찰받은 수십 건의 내공이 있으니 클릭 건수와 최근 낙찰가율을 꼼꼼히 점검한 후 조심스레 입찰표를 작성했다.

2등과 불과 50만 원 차로 낙찰됐다. 속으로 쾌재를 부르며 집으로 돌아가기 전에 다시 한 번 현장답사를 했다. 관리사무소에 들러 임차인 미납관리비를 확인하고 낙찰받은 호수 방문 앞에 전화번호와 '연락해주시길 바란다'는 다소 정중한 내용의 쪽지까지 붙여놓고 나왔다. 여기까지는 늘 관성적으로 해오던 명도의 방식이다.

그러나 그다음 날 오후, 문뜩 낯선 번호의 전화 한 통이 걸려오면서 악몽이 시작된다. 웬 익명의 남성이 전화에서 대뜸 "낙찰받은 건물에 20억 원의 유치권이 걸려있고 지금 각 호수별로 강제집행이 진행 중이다. 잘 알아보시라!"는 멘트를 날린다. 처음 전화를 받았을 때는 '아니 나를 뭐로 보고, 이런 허위유치권으로 감히(?) 나를 시험에 들게 하다니!' 생각했으나, 가만히 이 남자의 스토리를 들어보니 보통 사건이 아니다.

부랴부랴 현장에 들러 다시 한 번 점검하니, 건물 한 측의 유리 창 정면에 유치권자가 내건 경고문 플래카드가 희미하게 보였다.

△ 유치권자가 현장에 게시한 경고문

'대법원 ○○사건번호 확정승소판결을 받고 각 호수별로 강제 집행 중'이라는 내용이다. 아니 이런 호랑 말코 같은 일이 다 있 나! 매각물건명세서와 집행관 현장보고서를 꼼꼼히 살폈지만 이 런 유치권 얘기는 그 어디에도 없었는데…… 부랴부랴 플래카드 사진을 찍고 관리사무소에 쳐들어가 자초지종을 들어봤지만, 그 누구도 유치권 내용을 잘 모른다. 일반적으로 유치권이 있으면 건 물 외벽 어딘가에 대형 현수막을 걸어놓았을 텐데, 이번 건은 건 물 유리창 한편에 보일까 말까 살며시 오래된 현수막이 걸려있다.

집으로 돌아와 현수막에 적혀있는 대법원 판결 사건번호를 검색해보니 유치권자의 말이 사실이었다. 이자까지 무려 20억 원짜리 진성 유치권이다. 매각 결정기일이 5일 남아있다. 낙찰 후 7일 안에 매각허가에 대한 이의신청을 해야만 한다. 가만히 있다간 고스란히 입찰보증금만 날리게 된다. 밤새 매각불허가신청서를 작성한 후 그다음 날 부랴부랴 평택법원에 제출하고 왔다.

보름 정도 경과 후 평택법원에서 우편물 한 통이 날아와 열어보니 매각허가결정이 그대로 떨어진 것이 아닌가. 입찰보증금 800만 원을 날리게 생겼다. 흔들리지 말고 차분하자!

바로 다음 날 평택법원 담당 경매계에 찾아가 상황파악에 집중했다. 집행관의 현황재조사보고서 열람을 요청한 후에 찬찬히 살펴보니 '어떤 내용의 유치권 현수막도 발견하지 못했고 1차 조사와 내용상 별다른 차이가 없다'는 요지로 적혀있다.

경매법원들은 일부 몰상식한 낙찰자들이 종종 매각불허가를 받아내기 위해 지인을 통해 허위유치권 등을 신고하는 꼼수를 부리기에 매각물건명세서상에 나와 있지 않은 유치권이 낙찰 이후 신고될 경우 매각불허가 신청을 잘 받아주지 않는다. 아마 이번 건도 같은 케이스로 본 것 같다. 이대로 물러설 수는 없다. 아침부터 고생고생해 평택까지 달려와 800만 원을 날리다니! 설령 공탁금 1,200만 원을 날리더라도 끝까지 갈 수밖에 없다. 평택법원에 즉시항고를 한 후 공탁금 1,200만 원을 납부했다.

*즉시항고 시에는 매각대금의 10%를 공탁금으로 걸어야 함.

이 물건의 경우 대법원 승소 확정판결까지 난 유치권이기에 분명히 민사집행법 제121조 6항의 이의신청 사유가 된다.

제6항 천재지변. 그 밖에 자기가 책임을 질 수 없는 사유로 부동산이 현저하게 훼손된 사실 또는 부동산에 관한 중대한 권리관계가 변동된 사실이 경매 절차의 진행 중에 밝혀진 때

결국, 한 달여간의 지루한 기다림 끝에 평택지원으로부터 반가운 우편물이 도착했다. 필자의 매각불허가 신청이 받아들여진 것이다. 경매에서는 때로는 예상치 못한 유치권이 튀어나오기도 하니 정말 단 한 순간도 방심할 수 없다. 문득 잘못된 길을 가고 있다는 느낌이 든다면 주저 없이 빠져나와 피해를 최소화하는 방법을 강구해야 한다.

페스티나 렌테(Festina Lente)! 급할수록 돌아가라! 위기의 순간에는 절대 서두르지 말고 최대한 신속히 빠져나와야 한다. 매우 피곤한 한 달이었지만 좋은 경험을 했다. 아직 내공이 부족한가 보다. 수련을 더 쌓아야겠다.

매각불허가신청서

사건번호: 2016타경○○○○ 부동산 임의경매

신청인: 전병수
채권자: ○○○농협
채무자: ○○○

위 당사자 간 귀원 2016타경○○○○ 부동산 임의경매 사건과 관련하여 2017년 ○○월 ○○일의 매각기일에 신청인은 최고가의 매수신고를 하고 아직 매각허가기일 전이나 위 부동산에는 아래와 같이 매수인에게 대항할 수 있는 거액의 유치권이 있기에 위 사건에 관한 매각불허가를 하여 주시기를 바랍니다.

아래

1. 사실 관계

신청인이 상기 부동산을 2017년 ○○월 ○○일 경매로 낙찰받은 후 매각물건이 소재한 주소지를 방문해보니 상가건물 1층 전면에 유치권자 ○○○○의 공사대금 채권에 의한 유치권 행사 경고문이 커다랗게 붙여져 있었습니다.

이에 신청인이 관련 내용을 자세히 읽어보니 "○○건설 주식회사가 2010년 7월 주식회사 ○○○를 상대로 공사대금 채권에 의한 유치권소송을 제기해 대법원 판결에서 승소하였고, 이후 '수원지방법원 평택지원 ○○○○가합○○ 점유회수' 집행문을 토대로 피고의 승계 주식회사인 ○○○○○의 부동산 일체에 대한 강제집행을 실시할 예정"이라는 요지의 경고문이었습니다.

한편 신청인은 상기 부동산을 낙찰받기 전에 대법원 경매 사이트에 나와있는 해당 물건의 '입찰물건명세서'와 '매각현황서' 및 평택지원의 매각공고 등에서 위험한 권리관계가 없는지 상세히 살펴보았으나 유치권 관련 사항은 전혀 발견할 수 없었습니다. 신청인은 단지 법원 입찰자료의 공정성을 신뢰하여 안심하고 입찰에 참가했으나, 본의 아니게 갑작스러운 유치권자의 출현으로 상당한 재산상 불이익을 당할 위험성에 처해있습니다.

결론적으로 신청인은 이번 사건이 민사집행법 제121조(매각허가에 대한 이의신청 사유)의 6항(천재지변, 그 밖에 자기가 책임을 질 수 없는 사유로 부동산이 현저하게 훼손된 사실 또는 부동산에 관한 중대한 권리관계가 변동된 사실이 경매 절차의 진행 중에 밝혀진 때)의 사유에 해당된다고 보고 同 사건에 대한 매각불허가를 신청하오니 불허가해주시길 간절히 바랍니다.

첨부 서류

1. 유치권자(○○건설)의 '유치권 행사' 경고문 1부
유치권자의 '수원지방법원 평택지원 ○○○가합○○ 점유회수' 사건 내용 1부
1. 매각물건명세서 1부
1. 집행관 현황조사서 1부

200○.○○.○○.
위 신청인(최고가매수신고인) ○○○ (날인 또는 서명)

수원지방법원 평택지원 귀중

매각허가에 대한 이의신청서

사건번호: 2○○○타경○○○○ 부동산 임의경매

채무자(이의 신청인): 전병수(○○○○○○-○○○○○○○)
채권자(상대방):

위 사건에 관하여 다음과 같이 이의신청합니다.

신청 취지

별지목록 기재 부동산에 대한 매각은 이를 불허한다.
라는 재판을 구함.

신청 이유

위 부동산에는 아래와 같이 입찰물건명세서나 현황재조사보고서에는 나와있지는 않지만 매수인에게 대항할 수 있는 거액의 유치권이 분명히 존재하기에 아래와 같은 이유를 들어 매각허가결정(2017.○○.○○.)에 대한 이의신청을 제기합니다.

아래

1. '수원지법 평택지원 2010가합○○○○ 점유회수' 관련 16억 원의 유치권이 분명히 존재함
대법원 사건검색에서 '수원지방법원 평택지원 2010가합○○○○ 점유회수' 사건을 검색해보면, 원고 ㈜○○○○○이 15억 8,066만 원의 공사비 미납채권과 관련해 피고 ㈜○○○○○와 벌인 소송에서 대법원 상고까지 간 끝에 승소하였음이 분명히 확인됩니다.

2. 원고 ㈜○○○○은 각종 현수막을 통해 판결 확정 이후 현재까지 피고㈜○○○○○의 승계 주식회사에 대해 강제집행을 계속 실시 중임이 확인…… 이하 중략

3. 집행관 현황재조사보고서(2017.○○.○○.자)에 대한 반론
 2017.○○.○○.자 현황재조사보고서(○○○ 집행관)에 따르면 오전 11시 현장 방문 시 "건물 외관이나 ○○○호 출입문에 유치권 행사라는 현수막이나 표시를 발견할 수가 없었다"고 적시하였으나 …… 이하 중략

4. 대법원 경매 사이트에 게시된 사진에도 유치권자가 경고문을 게시하고 있음을 알 수 있으나, 집행관의 현황보고서에는 이러한 내용이 전혀 나타나지 않고 있음

5. 진성 유치권자가 경매법원에 유치권 신고를 하지 않고, 집행관의 현황조사 또한 정확하게 이루어지지 않을 시 선의의 피해자가 나올 수 있는 경매제도상 맹점이 있음

따라서 이는 민사집행법 제121조(매각허가에 대한 이의신청 사유) 6항(천재지변, 그 밖에 자기가 책임을 질 수 없는 사유로 부동산이 현저하게 훼손된 사실 또는 부동산에 관한 중대한 권리관계가 변동된 사실이 경매 절차의 진행 중에 밝혀진 때)에 해당된다고 사료되는 바, 재판부께서는 유치권의 진위 여부를 면밀히 재조사하신 후 매각허부결정을 다시 내려주시길 간청드립니다.

20○○년 ○○월 ○○일
채무자(이의 신청인) 전병수 (인)

수원지방법원 평택지원 귀중

항고장

항고인(채무자 겸 소유자): ○○○(주민등록번호)
　　　　　　　　　　　○○시 ○○구 ○○길 ○○(우편번호)

귀원 20○타경○○호 부동산 경매 사건에 관하여, 항고인(채무자 겸 소유자)은 귀원이 ○○.○○.○○.에 선고한 별지목록 기재 부동산에 대한 매각허가결정에 대하여 불복하고 즉시항고를 제기합니다.

원결정의 표시

최고가매수신고인: ○○○
매각가격: 금 ○○○○원
별지목록 기재의 부동산에 대하여 최고가로 매수신고한 위 사람에게 매각을 허가한다.

항고 취지

원심법원이 별지목록 기재 부동산에 대하여 20○○.○○.○○.에 한 매각허가결정은 이를 취소한다. 라는 재판을 구합니다.

항고 이유

원심에서 항고인은_____매각허가결정을 한 것은 위

법이므로 이 사건 항고에 이르렀습니다.

첨부 서류

1. 부동산목록   1통
1. 항고보증공탁서 사본   1통
1. 강제집행정지결정문 사본   1통
1. 송달료납부서   1통

○○○○년 ○○월 ○○일

위 항고인(채무자 겸 소유자)   ○○○ (서명 또는 날인)

○○지방법원 귀중

매각허부결정
제대로 알기

경매법원은 매각기일에 낙찰 허부에 관해 이해관계인의 진술을 듣고 직권으로 법정의 이의사유가 있는지 여부를 조사한 후, 낙찰의 허가 또는 불허가결정을 내린다. 이 경우 매각기일은 경매기일로부터 7일 이내로 정해야 하고 경매공고를 할 때 경매기일과 함께 공고된다.

'매각허가에 대한 이의'는 이해관계인이 이의사유에 의해 낙찰을 허가해서는 안 된다는 진술을 말한다(이의신청은 서면으로 제출 가능).

민사집행법 제121조에서는 '매각허가에 대한 이의사유'를 다음과 같이 7가지로 한정해 규정하고 있다.

민사집행법 제121조(매각허가에 대한 이의신청 사유)

매각허가에 관한 이의는 다음 각호 가운데 어느 하나에 해당하는 이유가 있어야 신청할 수 있다.

1. 강제집행을 허가할 수 없거나 집행을 계속 진행할 수 없을 때
2. 최고가매수신고인이 부동산을 매수할 능력이나 자격이 없는 때
3. 부동산을 매수할 자격이 없는 사람이 최고가매수신고인을 내세워 매수신고를 한 때
4. 최고가매수신고인, 그 대리인 또는 최고가매수신고인을 내세워 매수신고를 한 사람이 제108조 각호 가운데 어느 하나에 해당되는 때
5. 최저매각가격의 결정, 일괄매각의 결정 또는 매각물건명세서의 작성에 중대한 흠이 있는 때
6. 천재지변, 그 밖에 자기가 책임을 질 수 없는 사유로 부동산이 현저하게 훼손된 사실 또는 부동산에 관한 중대한 권리관계가 변동된 사실이 경매 절차의 진행 중에 밝혀진 때
7. 경매 절차에 그 밖의 중대한 잘못이 있는 때

앞의 사유 중 하나만이라도 충족되는 사유가 있을 때 낙찰자를 포함한 이해관계인은 매각허가에 대한 이의를 신청할 수 있고, 집행법원은 이러한 이의신청이 정당하다고 인정한 경우 매각을 불허한다.

즉시항고는 매각이 허가 또는 불허가결정이 내려지면서 손해

를 보는 이해관계인이 매각허부결정에 대한 불복 방법으로써 인정된다. 즉시항고 기간도 매각허부결정일로부터 7일 이내다. 매각허부결정에 따라 손해를 보는 이해관계인이 할 수 있다.

※'매각허가에 대한 이의신청'은 사법보좌관이 매각허가 여부를 결정했을 때, '즉시항고'는 판사가 매각허부결정을 했을 경우 제기

다만 매각허가에 대한 이의신청 또는 즉시항고를 하는 사람은 매각대금의 1/10에 해당하는 금전 또는 법원이 인정한 유가증권을 공탁해야 한다. 매각이 허가된 경우에 한하므로 매각불허가 결정에 대한 항고는 보증의 제공을 요하지 않는다.

만약 채무자 및 소유자가 한 항고가 기각된 때는 항고보증금이 몰수되고, 채무자 및 소유자 외의 사람이 한 항고가 기각된 때는 보증금에서 항고를 한 날로부터 항고기각 결정이 확정된 날까지의 매각대금에 연 15% 이자를 공제하고 돌려준다.

이는 항고 기각 시 그만큼의 손해를 보기 때문에 이해관계인이 항고할 경우 승소 가능성이 클 때만 하라는 것으로 더욱 신중하게 하라는 의미다. 항고에 대한 무분별한 남용으로 경매 절차가 지연되는 것을 막기 위해 마련된 조치다. 항고심 재판에 불복하거나 손해를 받는 이해관계인은 재항고도 할 수 있다.

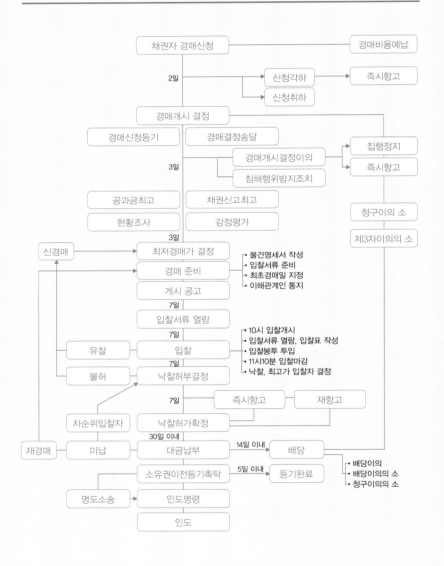

▼ 경매신청 및 경매개시 결정
- 채권자는 증빙 서류를 갖춰 법원에 경매를 신청하고 절차비용을 예납
- 경매법원은 채권자의 신청서를 심리해 타당성이 인정되면 부동산을 압류하고 경매개시 결정을 내린다.

▼ 배당요구의 종기 결정 및 공고
- 법원은 담보물의 소유자, 채무자, 채권자 등 이해관계인에게 경매개시 결정 사실을 통보한다.
- 저당권자, 공유자, 임차인 등에게 채권이나 보증금 신고를 통지한다.

▼ 매각의 준비
- 집행관은 현장에 나가 부동산에 대한 현황조사를 한다.
- 감정평가사에게 경매가격을 평가하도록 명령한다.

▼ 매각 및 매각 결정일의 지정 및 공고통지
- 법원은 현황조사와 감정평가금액을 근거로 최저매각가격을 작성한다.
- 매각물건명세서를 작성해 매각기일을 정하고 입찰 14일 전에 신문공시한다.

▼ 매각의 실시
- 최저매각가격 이상으로 입찰한 사람 중 최고가매수인을 정한다.
- 입찰자가 없으면 유찰되며 차기에 20~30% 적은 금액으로 진행한다.

▼ 매각허부결정
- 낙찰자의 하자나 진행 절차상의 문제가 없으면 매각 결정기일을 정한다.

▼ 매각대금의 납부
- 매각 결정기일로부터 7일 내에 이의신청이나 항고가 없으면 납부기일을 정한 후 낙찰자에게 잔금납부를 통지한다.

▼ 배당 절차
- 채권자나 임차인 등 이해관계인에게 권리의 우선순위 원칙에 따라 배당

매각허가결정 후에도
절대 안심하지 않기

2014타경24064			● 의정부지법 고양지원 ● 매각기일 : 2015.04.08(水) (10:00) ● 경매 10계(전화:031-920-6322)			
소 재 지	경기도 고양시 덕양구 화정동 977, 밀레니엄타워		**토지명주소검색**			
물건종별	근린상가	감 정 가	260,000,000원	오늘조회: 1 2주누적: 0 2주평균: 0 **조회동향**		
				구분	입찰기일	최저매각가격	결과
대 지 권	19.564㎡(5.918평)	최 저 가	(49%) 127,400,000원	1차	2014-12-23	260,000,000원	유찰
					2015-01-28	182,000,000원	변경
건물면적	105.89㎡(32.032평)	보 증 금	(10%) 12,740,000원	2차	2015-03-04	182,000,000원	유찰
				3차	**2015-04-08**	**127,400,000원**	
매각물건	토지·건물 일괄매각	소 유 자	이기원	낙찰 : 153,559,000원 (59.06%)		
				(입찰9명,낙찰:광진구 / 차순위금액 153,000,012원)		
개시결정	2014-08-25	채 무 자	이기원	매각결정기일 : 2015.04.15 - 매각허가결정		
사 건 명	강제경매	채 권 자	뉴밀레니엄관리단	2015-10-20	0원 **기각**	
				본사건은 기각(으)로 경매절차가 종결되었습니다.		

　　본건은 고양시 화정 역세권에 위치한 32평 상가로 당시 학원 수강생이었던 K여사님이 낙찰받은 물건인데, 낙찰 후 채무자의 불복으로 기각된 매우 희귀한(?) 사례다. 당시 K여사님에게 낙찰 축하인사를 전하기는 했으나 건물관리단이 고작 320만 원의 미납 관리비 채권으로 경매를 넣은 사건이라 경매 취소 가능성이 우려 되던 물건이었다.

No	접수	권리종류	권리자	채권금액	비고	소멸여부
1(갑13)	2001.04.30	소유권이전(매매)				
2(갑23)	2014.08.25	강제경매	뉴밀레니엄관리단	청구금액: 3,244,550원	말소기준등기 2014타경24064	소멸

주의사항　[관련사건] 관리비 - 고양지원 2013차3316 내용보기 사건검색

아니나 다를까, 낙찰 후 1주일 뒤 매각허가결정은 났지만, 다음 날 바로 채무자로부터 동 건에 대한 집행정지신청서가 제출됐다. 채무자가 해당 물건의 매각을 정지시키려면 낙찰자의 동의가 필요하다. 아니면 소송을 해야 한다. 사실 이 경우 채무자는 낙찰자를 접촉해 약간의 사례비만 주고 동의서를 받았으면 끝날 일인데 굳이 비싼 변호사를 선임해 대응했다. 아는 것이 힘이다! 아니 돈이다!

SubNote 경매 취하, 경매 취소, 기각이란?

▼ 경매 취하란 경매를 신청한 채권자가 경매신청을 철회하는 것을 말한다. 즉 채권자가 채무자와의 채무변제에 대한 합의, 담보 제공, 사정 변경 등 이유로 이미 진행 중인 경매 절차의 집행을 철회하는 의사표시다. 채권자는 경매 낙찰 이전에는 누구의 동의도 없이 단독으로 취하할 수 있다. 그러나 경매 낙찰 이후에는 낙찰자의 동의가 있어야 한다.

▼ 경매 취소란 채무자가 민사집행법에 따른 소송을 통해 경매 절차를 취소하는 것을 말한다. 채무자는 경매 취하의 권한이 없어 경매 진행을 중단하기 위해서는 채무를 변제한 후 민사소송 절차를 통해 경매를 취소시켜야 한다. 이때 임의경매와 강제경매에 따라 경매 취소 방법이 다르다.

1) 임의경매 시
   – 채무자가 경매 신청자와 합의가 된 경우: 채무변제 → 담보권등기말소 → 법원에 경매개시 결정 이의신청서 제출 → 경매법원은 경매를 정지시키고 경매개시 결정을 취소시킴
   – 경매 신청자와 합의가 안 될 경우: 채무변제 → 담보권등기말소 청구소송 → 법원에 경매절차정지 신청 → 담보권등기말소 승소확정

2) 강제경매 시
   – 경매 낙찰 전: 경매 신청자와 합의가 되면 재판청구 없이 경매 취소 가능
   – 경매 낙찰 후
   ① 낙찰자 동의 시: 판결 및 등기말소 신청 → 말소된 등기부등본을 첨부, 법원에 경매개시 결정 이의신청서 제출 → 경매법원은 경매 취소
   ② 낙찰자가 동의하지 않는 경우: 채무금 변제와 함께 강제경매 취소 신청 정식 재판을 청구(시간과 비용이 많이 소요)

▼ 경매 기각은 경매가 계속 되도 경매 신청자가 배당받을 가능성이 없어지면 경매 진행의 의미가 없어 법원이 직권으로 기각 처리하는 것을 의미한다.

공매 상가 매각불허가
신청하기

어리석은 사람은 인연을 만나도 몰라보고

보통 사람은 인연을 알면서도 놓치고

현명한 사람은 옷깃만 스쳐도 인연을 살려낸다.

− 피천득의 《인연》 중에서 −

 일산 마두역 2번 출구와 바로 접한 초역세권 상가가 공매로
나왔다. 절대로 놓칠 수 없다. 다만 공매 물건이라 명도가 약간
신경 쓰인다.

물건정보	입찰이력

해당공고 보기 해당공고물건 보기

물건관리번호 : 2012-17172-005　　　물건상태 : 낙찰　공고일자 : 2013-07-31　조회수 : 734

[상가용및업무용건물 / 업무시설]

경기 고양시 일산동구 장항동 895-1 우신프라자 제○○호 제○○호

[일반공고] [매각] [인터넷] [압류재산(캠코)] [일반경쟁] [최고가방식] [총액]

처분방식 / 자산구분	매각 / 압류재산(캠코)
용도	업무시설
면적	대 31.423㎡, 건물 130.79㎡
감정평가금액	250,000,000원
입찰방식	일반경쟁(최고가방식) / 총액
입찰기간 (회차/차수)	2013-10-07 10:00 ~ 2013-10-08 17:00 (040/001)
유찰횟수	6 회
배분요구종기	2013-03-18
최초공고일자	2013-01-30
공매대행의회기관	서초세무서
집행기관	한국자산관리공사
담당자정보	조세정리부 / 공매1팀 / 1588-5321

[◎ 사진] [⊡ 지도] [⊞ 지적도] [◉ 위치도]

[≡ 부동산정보 조회] [⬇ 감정평가서]

[입찰유형]

- ☐ 전자보증서가능　☑ 공동입찰가능
- ☑ 2회 이상 입찰가능　☐ 대리입찰가능
- ☐ 2인 미만 유찰여부　☐ 차순위 매수신청가능

최저입찰가(예정금액)　　**125,000,000**원

매각물건명세서를 보니 3개의 서로 다른 법인이 들어있고 선순위 임차인이 있어 보증금을 인수해야 할지도 모른다. 유치권도 행사했다(유치권 행사 현수막도 아니고 그냥 유리창 앞에 A4 용지에 보일 듯 말 듯 붙여놓았다. 피식 웃음만이 나온다). 실평수 39평 정도라 경매학원 또는 개인 사무실로 쓰면 딱 좋겠다. 점심 먹고 호수공원 한 바퀴 산책하기도 좋고 마두역과 붙어있어 지인들이 찾아오기도 좋다. 이런 건물은 매매로 팔든, 임차를 놓든 선택이 자유롭다. 과연 얼마를 써야 하나? 매각물건명세서를 보니, 서로 다른 법인이 임차 중인데 그중 하나가 문제다.

언뜻 보기에는 선순위라 거액의 보증금을 인수해야 할지도 모른다. 법인등기부등본을 떼어본다. 앗, 법인 임원들 이름이 서로 중첩된다. 3개 법인 모두 이사들이 서로 중첩적으로 얽히고설켜 있다. 세무서에 사업자등록도 해놓았지만, 이전 주인과 연계된 법인들로 임차계약서를 위조해서 제출했을 가능성이 크다. 선순위 보증금 인수 여부로 다들 망설이는 것 같다. 6회까지 유찰돼 50% 하한이 1억 2,500만 원이다.

선순위 보증금은 물건분석만 잘하면 깰 수 있을 것 같은데 얼마를 써야 할까? 초역세권 상가니 일단 전회차인 60%를 넘겨본다. 아뿔싸! 낙찰 결과를 보니 단독낙찰이다(이럴 줄 알았으면 그냥 50% 쓸 걸). 후회가 밀려온다. 2,000만 원이면 차 한 대 값인데, 아무도 안 들어올 줄 알았으면 그냥 보수적으로 쓸 걸……

낙찰받자마자 먼저 관리사무소로 갔다. 인상 좋은 관리소장님이 관리비 내역과 임차인 및 주인들과 관련해 이것저것 팁을 준다. 유치권은 성립하지 않을 것 같고 임차인들은 주인들과 막역(?)한 사이로 보여 조금만 더 증거를 찾아보면 선순위 보증금 문제는 쉽게 해결할 수 있을 것 같다.

그러나저러나 단독입찰이라 2,000만 원이 눈앞에서 아른거린다. 좋은 방법이 없을까? 밤새 고민하다가 매각물건명세서상의 하자 요인을 찾아본다. 앗, 하나 있다. 틀림없이 매각불허가 사유가 되는 절차적 오기를 발견했다. 매각물건명세서를 자세히 분석해보니 3개의 법인이 임차 중인데 월세 보증금과 확정일자가 잘못 표기돼 있다.

부랴부랴 매각불허가신청서를 작성해 강남에 있는 캠코 본사에 직접 가서 서류를 제출하고 왔다. '만약에 매각불허가가 받아들여진다면 다음 회차에 1,000만 원 정도 낮게 쓰면 조금이라도 손해를 덜겠지' 하는 얕은 생각이었다. 며칠 후에 캠코 담당자에게 전화를 해보니 매각불허가 신청이 받아들여졌다고 한다.

그다음 회차에 다시 뜬 공매정보지를 본 후 일말의 불안감을 안고 재입찰에 들어갔다. 이번에도 아무도 들어오지 않겠지. 설마? 이틀 후 매각공고를 보니 패찰이다. 2등이다. 아뿔싸, 몇백만 원 아끼려다가 역세권 A급 상가를 놓쳤다.

경·공매를 조금 안다고 장난치다가 대어를 놓치고 말았다. 60% 받은 가격에 '명도비+등기비' 빼고 감정가 근처에만 팔아도 1억 원은 남겼을 텐데. 손아귀에 들어온 고기를 순간의 욕심에 놓쳤다.

"어리석은 사람은 인연을 만나도 몰라본다." 피천득 선생님의 글이 가슴을 후벼 판다. 상가도 사람처럼 인연이 따로 있나 보다. 어떤 물건은 아무리 가지고 오려 해도 안 되고, 어떤 물건은 별다른 기대도 안 했는데 덜컥 낙찰된다.

공매 시 낙찰 이후 진행 과정

SubNote 매각 결정 취소 관련 국세징수법 조문

제68조의3 (공매재산명세서의 작성 및 비치 등)

① 세무서장은 공매재산에 대하여 제62조의2에 따른 현황조사를 기초로 다음 각 호의 사항이 포함된 공매재산명세서를 작성하여야 한다.

1. 공매재산의 명칭, 소재, 수량, 품질, 매각예정가격, 그 밖의 중요한 사항

2. 공매재산의 점유자 및 점유 권원, 점유할 수 있는 기간, 차임 또는 보증금에 관한 관계인의 진술

3. 제68조의2제1항 및 제2항에 따른 배분요구 현황 및 같은 조 제4항에 따른 채권신고 현황

4. 공매재산에 대하여 등기된 권리 또는 가처분으로서 매각으로 효력을 잃지 아니하는 것

5. 매각에 따라 설정된 것으로 보게 되는 지상권의 개요

② 세무서장은 다음 각 호의 자료를 입찰 시작 7일 전부터 입찰 마감 전까지 세무서에 갖추어 두거나 정보통신망을 이용하여 게시함으로써 입찰에 참가하려는 자가 열람할 수 있게 하여야 한다.

1. 제1항에 따른 공매재산명세서

2. 제63조제2항에 따라 감정인이 평가한 가액에 관한 자료

3. 그 밖에 입찰가격을 결정하는 데 필요한 자료

제69조(공매의 취소 및 공고)

① 세무서장은 다음 각 호의 어느 하나에 해당하는 경우에는 공매를 취소할 수 있다.

1. 해당 재산의 압류를 해제한 경우

2. 제85조의2에 따라 체납처분을 유예한 때

3. 「행정소송법」 제23조에 따라 법원이 체납처분에 대한 집행정지의 결정을 한 때

4. 그 밖에 공매를 진행하기 곤란한 경우로서 대통령령으로 정하는 경우

② 세무서장은 제1항에 따라 공매를 취소한 후 그 사유가 소멸돼 공매를 계속할 필요가 있다고 인정할 때에는 제74조에 따라 재공매할 수 있다.

③ 제67조제2항제9호에 따른 매각 결정기일(이하 "매각 결정기일"이라 한다) 전에 공매를 취소한 때에는 그 공매의 취소를 공고하여야 한다.

매각 결정 취소신고서

물건관리번호: 2012-ㅇㅇㅇㅇㅇ-005
위임기관: 서초세무서

체납자: ㈜ㅇㅇㅇㅇㅇ
매수인: 전병수
신청인: 전병수

신청인은 '경기도 고양시 일산동구 장항동 ㅇㅇ프라자 제ㅇ호'(이하 '이 사건 부동산'이라 합니다)에 관하여 한국자산관리공사 조세정리부 공매 1팀에서 매각한 물건관리번호: 2012-ㅇㅇㅇㅇ-005호의 매수신고인으로서 아래와 같은 사유로 위 공매 사건의 매각 결정 취소를 신청합니다.

— 아래 —

1. 한국자산관리공사의 이 사건 부동산에 관한 공매공고를 보면 공매 매각 대상 물건의 임대차 정보가 잘못 표기돼 있습니다.

한국자산관리공사의 홈페이지(이하 '온비드'라 합니다)에 게재된 이 사건 부동산의 매각공고 중 '임대차 정보' 난을 보면, 이 사건 부동산의 임차인 중 하나인 ㈜ㅇㅇ의 확정일은 2000-00-00로, 임차인 ㈜ㅇㅇㅇㅇ의 확정일은 2000-00-00로 표기돼 있습니다.

그러나 매수인이 2000.00.00. 낙찰 결과를 확인한 후에 이 사건 부동산 소재지에 방문해서 해당 임차인과 통화해본 결과, 신고된 임차인들 중 누구도 확정일자가 없음을 알게 됐습니다. 이후 이 사건 부동산의 온비드 공매 담당자인 'ㅇㅇㅇ' 과장님께 이러한 내용을 확인해보니 마찬가지로 임차인들이 제출한 서류에는 확정일자가 없음을 알게 됐습니다.

이로 인해, 사전에 온비드 홈페이지의 공고 내용을 전적으로 신뢰하고 입찰에 참여했던 매수인으로서는(선순위 임차인 2명은 소액임차인으로 해당돼 보증금 일부를 배분받을 것으로 판단) 확정일자가 없어 매수인에게만 대항력이 있는 선순위 임차인들의 보증금을 전액 인수해야 하는 상황에 처하게 됐습니다.

2○○○-○○-○○ 이 사건 부동산의 입찰 내역을 살펴보면 아시겠지만, 매수인은 당초에 ○○만 원에 입찰했으나, 얼마후 공고 내용을 다시 살펴보니 3명의 임차인 중 ㈜○○와 ㈜○○○는 선순위에 확정일자가 있어 소액임차보증금을 배분받을 수 있을 것으로 판단하여 해당 금액만큼(인수할 금액이 1,300만 원 줄어듦) 더 올려 쓴 금액인 1억 ○○○만 원에 2차로 입찰하게 됐습니다.

이는 온비드가 잘못된 매각조건을 공고하여 온비드의 공고 내용을 전적으로 신뢰한 입찰인들에게 손해를 입히는 중대한 하자에 해당된다고 할 것입니다.

2. 한국자산관리공사의 이 사건 부동산에 관한 공매공고에는 임차인의 유치권 신청에 관한 내용이 전혀 없으나, 임차인은 유치권을 주장하고 있습니다.

매수인이 낙찰받고 며칠 후 이 사건 부동산 현장에 방문해보니, 사무실 입구에 ㈜○○○○가 '유치권'을 주장하는 게시문이 붙여져 있고, 유치권을 주장하는 자와 통화하니 "건물 내 인테리어에 대한 유치권을 오래전부터 주장했으며, 점유해왔다"고 언급하고 있습니다.

그러나 온비드 홈페이지에서 이 사건 부동산에 대한 공고 내용을 보면 '유치권'에 관한 내용은 전혀 찾아볼 수 없으며 이로 인해 매수인으로서는 생각지도 않았던 비용을 추가로 지출할 수도 있는 곤란한 상황에 있습니다.

따라서 위와 같은 2가지 하자는 명백히 '매수자 귀책이 아닌 여타의 사유'에 해당되는 것이므로, 이에 신청인은 위 압류재산 매각업무 편람 및 국세징수법 67조 2항에 관한 공고상 하자를 이유로 이 사건 매각허가결정에 관한 취소를 신청합니다.

○○○○년 ○○월 ○○일

위 신청인　전병수　(인)

연락처(☎) ○○○-○○○○-○○○○

한국자산관리공사 조세정리부 공매○팀 귀중

SubNote 공매와 경매는 어떻게 다를까?

경매란 채무자가 채무를 이행하지 않을 경우 채권자가 돈을 받을 목적으로 법원을 통해 채무자의 부동산을 경매 등 방법으로 강제로 처분하게 해서 돈을 받는 것을 말하며 법원에서 진행한다.

공매란 체납세금이나 국가추징금 등 국가에 납부해야 할 세금을 납부하지 않은 사람의 부동산이나 동산을 압류해 재산을 입찰시키는 것을 말하며, 주로 한국자산관리공사(KAMCO)에서 진행한다.

비교 항목	경매	공매
관련법	민사집행법	국세징수법
매각기관	법원	KAMCO, 정부기관, 공공기관, 은행 자체 매각, 신탁회사 등
법률적 성격	개인 간의 채권·채무를 국가공권력이 개입해 정리	공법상의 행정처분
입찰보증금	최저 경매가의 10%	입찰가의 10%
매각예정가격 체감	전차 가격의 20~30%씩 체감	1차 공매예정가의 50% 한도로 매회 10%씩 체감
채무자 명도	인도명령	명도소송
배당(배분)요구 종기일	첫 매각기일 이전에 정한 배당요구 종기일	첫 입찰 기간 이전에 배분요구 종기일 고지
공유자 우선 매수청구권	가능	가능
차순위 매수신고	가능	없음

*법원 경매와 공매가 동일 물건에 경합하는 경우, 먼저 매수대금을 납부하는 자가 소유권을 취득함.

▼ 관련법 적용
- 경매는 민사집행법을 근거로, 공매는 국세징수법에 근거해 진행된다.

▼ 입찰보증금
- 경매는 최저가액의 10%지만, 공매는 매수 희망가의 10%다.

▼ 매각예정가격 체감
- 경매는 최저매각금액의 20~30%씩 체감되나, 공매는 최초 매각가격의 10%씩 체감해 50%까지 진행한다.

▼ 대금 납부
- 경매는 낙찰 후 매각허가결정이 나면 통상적으로 한 달 내에 납부하면 되나, 공매는 30일 이내에 납부하면 된다.

▼ 채무자 명도
- 경매는 낙찰자가 인도명령과 강제집행제도를 통해 재산권 행사를 할 수 있으나, 공매는 채무자와 합의하거나 명도소송을 통해야 한다.

▼ 개시기입등기
- 경매는 개시결정등기가 되나, 공매는 별도의 개시기입등기가 없다.

▼ 잔금 미납 시 입찰보증금 처리
- 낙찰자의 잔금 미납 시 경매는 배당 이해관계인에게 귀속되고, 공매는 국고나 지방자치단체 등에 귀속된다.

▼ 차순위 매수신고
- 경매는 차순위 매수신고제도가 있으나, 공매는 없다.

압류 동산 공매 절차

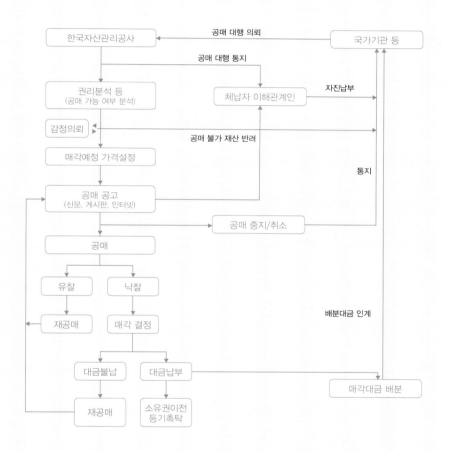

Part 2
소송, 큰 틀에서 살펴보기

- 소송이란?

- 내용증명이란?

- 인도명령이란?

- 명도소송이란?

- 점유이전금지가처분이란?

- 강제집행이란?

- 전자소송으로 쉽게 하기

거창고등학교의 직업 선택 10계명

1. 월급이 적은 쪽을 택하라.
2. 내가 원하는 곳이 아니라 나를 필요로 하는 곳을 택하라.
3. 승진의 기회가 거의 없는 곳을 택하라.
4. 모든 조건이 갖춰진 곳을 피하고 처음부터 시작해야 하는 황무지를 택하라.
5. 앞다투어 모여드는 곳에는 절대 가지 마라. 아무도 가지 않은 곳으로 가라.
6. 장래성이 전혀 없다고 생각되는 곳으로 가라.
7. 사회적 존경을 바라볼 수 없는 곳으로 가라.
8. 한가운데가 아니라 가장자리로 가라.
9. 부모나 아내, 약혼자가 결사반대하는 곳이면 틀림없다. 의심하지 말고 가라.
10. 왕관이 아니라 단두대가 기다리고 있는 곳으로 가라.

소송이란?

　　소송은 크게 민사소송과 형사소송으로 나뉘며, 민사소송은 개인 간의 다툼을 해결하기 위해 진행하는 소송이고, 형사소송은 범죄자에 대해 국가가 형벌을 내리기 위해 진행하는 소송이다.

　　민사소송과 형사소송 모두 3회에 걸쳐서 재판받을 수 있기에 이를 3심제라고 한다. 1심의 판결에 불복하는 경우 2심에 항소할 수 있고, 2심 판결에 불복하는 경우 3심에 상고할 수 있다.

*1심 재판을 지방법원의 단독 판사(판사 1인)가 하는 경우의 항소는 지방법원의 합의부(판사 3인)에 해야 하며, 1심 재판을 지방법원의 합의부(판사 3명)가 하는 경우의 항소는 고등법원에 해야 함.

　　민사소송의 종류에는 크게 3가지가 있다

이행의 소	• 원고가 피고에게 '——할 것(급부)을 요구한다'고 하는 소송을 말함. 법원은 '피고는 원고에게 ——(급부)를 지급하라'와 같이 급부를 명하는 형식의 판결을 하는 것이 보통이며, 이를 급부판결이라고 한다. • ①건물명도 청구소송 ②소유권이전등기 청구소송 ③손해배상 청구소송 ④부당이득반환 청구소송 ⑤임차보증금반환 청구소송 등이 있다.
확인의 소	• 권리, 법률관계의 존재·부존재의 확정을 요구하는 소송을 말함. 적극적 확인의 소, 소극적 확인의 소, 중간 확인의 소 등으로 구분한다. • ①채무부존재 확인소송 ②임차권 확인소송 ③해고무효 확인소송 등이 있다.
형성의 소	• 법률관계의 변동을 요구하는 소송을 말한다. • '원고와 피고는 이혼한다'라는 판결이 확정되면 지금까지 부부였던 원고와 피고 간에는 이혼이라는 효과가 형성되는 효과가 나타나는 소송이다.

소가에 따른 민사사건의 구분

소액사건은 금전청구 사건 중에 청구액이 3,000만 원 이하인 사건으로 '소액사건심판법'이 적용돼 일반 민사소송에 비해 신속히 진행된다.

• 소액사건은 소장 접수부터 1심 판결까지 한 달 정도 소요

• 단독사건과 합의사건은 1심 판결까지 6개월 이상 소요

• 단, 소가가 3,000만 원 이하라도 집이나 토지 등 부동산의 명도를 구하는 사건은 소액사건이 아니라 단독사건에 해당

소액사건	단독 판사	3,000만 원 이하의 사건
단독사건	단독 판사	3,000만 원 초과 2억 원 이하의 사건
합의사건	합의부(3명)	2억 원 초과 사건

*합의부는 3명의 판사(부장판사 1인과 배석판사 2인)로 구성.

소액재판에서 채권자가 소장을 제출하면 해당 법원은 이를 검토해 어느 정도 이유 있다고 판단할 경우 '이행권고 결정'을 내리며, 채무자가 2주 내에 이의신청을 하지 않을 시 확정판결과 동일한 효력이 발생한다.

지급명령은 간소화된 민사소송 절차로서 금전, 그 밖에 대체물이나 유가증권의 일정한 수량의 지급을 목적으로 하는 채권자의 청구에 대해 이유가 있다고 인정되면 변론을 거치지 않고 채무자에게 지급을 명하는 간이·신속한 재판 절차를 말한다(민사소송법 제462조).

→ 채무자가 2주 내 이의신청 시 소액재판으로 전환된다.

민사소송 절차

소장 접수(원고)	원고의 소장 제출 → 사건번호와 사건명 부여

▼

소장 심사(법원)	재판장은 소장에 흠결이 있을 시 보정명령 내림

▼

소장부본 송달(법원→피고)	법원은 소장의 부본을 피고에게 송달

▼

답변서 제출	피고가 원고의 청구를 부인하는 경우에는 소장의 부본 송달일로부터 30일 내 답변서를 제출해야 함

▼

답변서 미제출	피고가 답변서 미제출 or 자백 취지 답변서 제출 시, 원고의 청구대로 변론 없이 판결

▼

답변서 송달(법원→원고)	법원은 답변서의 부본을 원고에게 송달

▼

쟁점정리기일	제1회 변론기일로 양쪽 당사자가 법관을 대면해 사건의 쟁점을 확인하는 날

▼

변론준비 절차(법원)	서면에 의한 변론준비 절차(준비서면 제출·교환) 변론준비기일(주장 및 증거정리, 당사자 출석)

▼

변론기일	재판장은 변론준비 절차가 끝난 경우 바로 변론기일을 정함

▼

제2회 변론기일	증인신문과 당사자신문은 당사자의 주장과 증거를 정리한 뒤 집중적으로 해야 함

▼

판결	불복하는 당사자는 14일 내에 항소 제기

1) 소장의 접수 및 소장 작성 요령

(1) 당사자 표시
- 원고와 피고의 성명과 주민등록번호 기재
- 법인은 약칭이 아닌 등기부등본에 나와 있는 정식명칭을 기재
- 대표자는 자격을 정확히 표시('대표이사 홍길동')

(2) 주소
- 도로명주소로 표기, 번지와 우편번호 기재
- 주소를 모를 경우 '귀원의 보정명령을 통해 보정하겠습니다' or '사실조회 신청 회신을 통해 보정하겠습니다'라고 기재

(3) 사건명
- 내가 청구하려는 사건의 종류
  예) 대여금청구의 소, 소유권이전등기청구의 소

(4) 청구 취지
- 원고가 이 소송으로 청구하는 판결의 결론에 해당하는 부분으로 ①이와 같이 판결을 해달라고 법원에 구하는 결론과 ②소송비용의 부담 ③가집행선고에 관한 사항을 기재

> 1. 피고는 원고에게 금 1억 원 및 이에 대해 이 사건 소장부본 송달
>   일부터 다 갚는 날까지 연 15%의 비율에 의한 돈을 지급하라.
> 2. 소송비용은 피고가 부담한다.
> 3. 위 제1항은 가집행할 수 있다.
> 라는 판결을 구합니다.

(5) 청구 원인

- 해당 소송에서 그 청구를 하게 된 원인을 본인만의 생각이 아닌
  법적으로 정해진 요건에 따라 논리정연하게 기술

(6) 입증 방법

- 소장에 첨부해 제출하는 증거 서류를 기재
- 원고는 '갑 제1호증, 갑 제2호증, 갑 제3호증' 식으로, 피고는
  '을 제1호증, 을 제2호증, 을 제3호증' 식으로 제출

(7) 첨부 서류

- 소장에 첨부해 제출하는 서류명과 통 수를 기재
- 대리권을 증명하는 서면(가족관계증명서, 법인등기부등본 등)

> - 소장부본 1통
> - 법인등기부등본 1통
> - 소송 대리 및 소송위임장

(8) 소장 제출 연월일 및 서명
- 소장을 법원에 접수하는 일자로 기재

(9) 제출 법원
- 모든 소송 사건은 원칙적으로 피고의 주소지에 관할이 있음
- 다만 '금전지급 목적'의 소송은 원고 주소지 법원에도 관할 있음
- 부동산에 관한 소송은 부동산 소재지 법원에도 관할이 있음
  ※ 부산이 연고지인 피고와의 소송에서 필자는 고양지원에 제기(피고 불출석함!)

2) 소장의 심사 및 송달

소장이 접수되면 재판장은 소장 심사를 하며 소장 심사 결과 아무 흠결이 없으면 피고에게 소장부본이 송달된다. 소장부본은 등기우편으로 피고에게 송달되는 것이 원칙이다. 소액소송의 경우에는 소장부본 대신 '이행권고 결정'이라는 결정문이 송달된다. '이행권고 결정'이 송달된 경우 피고가 이의신청도 안 하고 변론기일에도 출석하지 않을 경우 원고 승소판결이 난다. 이 경우 피고는 2주 내에 '이의신청서'를 제출해야 패소를 면할 수 있다.

(1) 소장부본 송달
법원이 피고에게 소장부본을 발송했으나 반송될 경우('송달불

능')에는 법원은 더 이상 소송을 진행하지 않는다. 이 경우 법원은 원고에게 피고의 주소를 보정하라는 '주소보정명령'을 내린다.

→ 원고는 주민센터에 가서 법원의 '주소보정명령'을 보여주고 피고의 주민등록초본 1통을 발급받아 수소법원 민사부(or 종합민원실)에 주소보정서와 함께 제출하면 된다.

*주소보정서에는 인지나 부본을 따로 제출하지 않음.

만약 주소는 그대로인데 폐문부재거나 피고가 고의로 소장 부본을 수령하지 않는 경우 송달불능이 되며 법원은 다시 보정명령을 내린다.

→ 원고는 특별송달(우편집배원이 아닌 집행관이 직접 소장부본을 피고에게 송달)을 신청하면 된다. 특별송달신청서를 작성할 때는 '주간 특별송달' or '야간 및 공휴일 특별송달' 중 하나를 택해 기재하고 수입인지와 함께 출장비를 예납해야 한다.

→ 특별송달을 해도 송달불능이 돼 보정명령이 내려올 경우 원고는 공시송달을 신청해야 한다. 공시송달을 신청하기 위해서는 상대방이 어디 거주하는지 알 수 없다는 소명 자료를 첨부해서 제출해야 한다. 공시송달은 원칙적으로 그 사유를 법원 게시판에 게시한 날로부터 2주일이 경과하면 효력이 발생한다.

*소명 자료에는 ①주민등록등본 ②불거주확인서 2가지가 있고, 불거주확인서는 불거주자의 주소지 통·반장에게 부탁해 작성하면 됨.

불거주확인서

주소:
성명:
주민등록번호:

위 사람은 위 주소지에 주민등록은 돼있으나
현재 거주하지 아니하고 있음을 확인합니다.

○○○○년 ○○월 ○○일

1. 통장:
   주소:

2. 반장:
   주소:

○○법원 ○○지원 귀중

3) 변론준비 절차(서면공방 절차)

　원고가 소장을 법원에 접수하면 법원은 특별한 하자가 없는 이상 소장부본을 피고에게 송달한다. 이때 법원은 소송절차안내서를 함께 보내며 피고에게 '30일 내에 답변서를 제출하라'고 최고한다.

　만일 피고가 30일 내에 답변서를 제출하지 않으면 법원은 '의제자백'으로 보고 즉시 제1회 변론기일을 지정하며 피고가 불출석한 경우 무(無)변론 승소판결(원고 승)을 내린다.

*의제자백: 민사소송법에서 당사자가 상대편이 주장한 사실에 대해 반박하지 않거나 당사자 중에 한쪽이 정해진 날에 출석하지 않은 경우 그 사실을 자백한 것으로 인정하는 일.

　다만 소액사건의 경우 소가 제기되면 법원은 '이행권고 결정'을 하고 피고에게 소장부본과 이행권고결정등본을 송달한다. 피고는 이행권고결정등본을 송달받은 그다음 날부터 14일 이내에 서면으로 이의신청을 할 수 있고 만일 하지 않으면 이행권고 결정은 확정된다.

　피고가 기한 내에 답변서를 제출할 경우 법원은 답변서를 원고에게 송달하면서 '3주 내에 반박준비서면을 제출하라'는 '변론준비명령'도 함께 보낸다. 원고가 3주 내에 반박준비서면을 제출하면 피고 역시 3주 안에 재반박준비서면을 법원에 제출한다.

*준비서면은 반드시 기한 내 제출해야 하며 기한경과 시 각하될 수 있다.

이렇게 반박과 재반박의 서면공방을 쌍방 2회씩 진행하면 서면공방 절차는 마무리된다. 서면공방 절차가 마무리되면 재판장은 제1회 재판기일을 정하게 된다.

서면공방 절차에서 중요한 것은 기일 전에 모든 증거신청이 끝나야 한다는 점이다. 증거신청 방법에는 증인신청, 사실조회, 시가감정, 문서송부촉탁신청 등이 있는데 모두 기일 전에 신청해야 한다. 증거제출의 경우 증거자료인 영수증, 각서, 합의서, 계약서, 등기부등본 등을 모두 기일 전에 제출해야 한다.

증인신청서

1. 사건: 20   가단

2. 증인의 표시

성 명		직업	
주민등록번호			
주 소			
전 화	자택	사무실	휴대폰
원·피고와의 관계			

3. 증인이 이 사건에 관여하거나 그 내용을 알게 된 경위

4. 신문할 사항의 개요
   ①
   ②
   ③

5. 기타 참고사항

○○○○년 ○○월 ○○일
원고 ○○○   □

○○지방법원 제○부 귀중

만일 서면공방 절차 중에 피고 또는 원고가 기한 내에 서증을 첨부한 준비서면을 제출하지 않을 경우 재판부는 석명준비명령 또는 증인신청촉구서 등을 보낸다. 그럼에도 불구하고 피고 또는 원고가 준비서면을 제출하지 않으면 재판부는 증거신청이 없는 것으로 보고 변론준비 절차를 종료하고 변론기일(쟁점정리기일)을 잡게 된다.

법원으로부터 상대방의 서증이 첨부된 증거 서류를 송달받은 경우 이에 대한 서증인부서를 만들어 법원에 제출해야 한다.

서증인부서란? 상대방의 서증을 인정 또는 부인하는 의사를 표시한 문서를 말하며, 서증인부서의 답변 방법은 다음 8가지로 구분된다.

- 성립인정
- 성립인정 입증취지 부인
- 부인
- 부지
- 공적 부분 인정 사문서 부분 부지
- 공적 부분 인정 수령 사실 인정
- 공적 부분 인정 수령 사실 부인
- 공적 부분 인정 수령 사실 부지

변론준비 절차 중에 원고와 피고의 주장 등이 워낙 많고 복잡해 정리할 필요가 있다고 재판장이 인정하는 경우 재판장은 변론준비기일(쟁점정리기일)을 열어 쌍방을 출석하게 할 수 있다. 이 경우 쌍방은 변론의 준비에 필요한 모든 주장과 증거를 정리해 제출해야 한다.

실무적으로는 변론준비기일의 지정은 드물고 대부분 서면공방 절차가 마무리되면 바로 변론기일이 지정된다.

4) 변론기일 지정

준비서면을 통한 공방회수가 쌍방 2회씩 끝나면 재판장은 변론기일을 지정한다. 변론기일이 지정되면 '변론기일소환장'이 원고와 피고에게 송달되며 양측은 2주 동안 그간 법정에 제출한 소송 자료를 세밀히 검토해야 한다.

변론기일에 원고는 변론석에서 '소장을 진술'하고 피고는 '답변서를 진술'하면 된다. 피고는 원고의 소장을 송달받은 후 30일 내에 답변서를 제출해야 한다. 쌍방 진술이 끝나면 서로의 주장이 충돌하는 쟁점 신문이 이어진다. 쌍방이 변론을 다 하면 판사는 2주일 이내에 판결을 선고하게 된다. 소액사건의 경우에는 변론이 끝나면 특별한 사정이 없는 한 당일 판결선고를 한다.

5) 제2회 변론준비 절차

제2회 준비 절차 역시 쌍방의 서면공방에 의해 진행된다. 새로운 사실을 주장하는 일방이 자신의 주장과 증거를 준비서면으로 법원에 제출하면 법원은 상대방에게 송달한다. 이런 방식으로 서로 2회에 걸쳐 서면공방이 진행된다. 제2회 변론준비 절차 기간 중에 새로운 증거에 대한 증인신청, 사실조회, 문서송부촉탁신청 등을 해야 한다.

제2차 변론기일에 모든 변론이 끝나고 더 이상의 주장이나 제출할 증거가 없는 경우 재판은 결심된다. 결심되면 판사는 판결선고일을 지정해 알려준다.

6) 판결선고

판결선고일에 판사는 '원고승소, 원고청구기각, 원고일부승소' 중 하나를 판결 내린다. ①원고승소 시 원고는 피고 재산에 대해 강제집행을 할 수 있게 되고 자신의 소송비용도 확정 절차를 통해 피고에게 청구할 수 있다. ②피고가 승소한 경우에는 원고에게 소송비용 확정 절차를 통해 소송비용을 받아낼 수 있다.

원고 또는 피고가 판결에 불복할 경우 판결정본을 송달받은 날로부터 2주일 내에 항소해야 한다. 이때 패소한 자가 항소를 제기할 경우 항소장은 2심법원이 아니라 1심법원에 제출한다. 항소장을 제출할 경우, 불복하는 범위 내에서 1심 소가의 1.5배의 인지를 첨부해야 하고 송달료를 납부해야 한다.

이 경우 항소장의 항소 취지는 다음과 같은 요령으로 작성한다.

항소 취지 작성 사례

원고 일부 패소의 항소 취지

1. 원판결 중 원고 패소 부분을 취소한다.
2. 피고는 원고에게 금 OOO원 및 이에 대하여 OOOO년 OO월 OO일부터 다 갚는 날까지 연 2할의 비율에 의한 금 OOO원을 지급하라.
3. 소송비용은 제1, 2심 모두 피고의 부담으로 한다.
4. 제2항은 가집행할 수 있다.
라는 판결을 구합니다.

피고 전부 패소의 항소 취지

1. 원판결을 취소한다.
2. 원고의 청구를 기각한다.
3. 소송비용은 제1, 2심 모두 원고의 부담으로 한다.
라는 판결을 구합니다..

내용증명이란?

　내용증명이란 어떤 내용의 문서를 상대방에게 발송했다는 사실을 우체국에서 공적으로 증명하는 우편제도를 말한다. 통상적으로 내용증명은 문서의 내용을 증거로 남길 필요가 있을 경우나 채무자 또는 점유자에 대해 본인의 의사를 정확히 설명해주고 심리적으로 압박하는 등 여러 가지 목적으로 이용한다. 단, 내용증명을 보냈다고 해서 어떠한 법적 효력이 발생하는 것은 아니다.

　내용증명은 3부(발신자, 수신자, 우체국용)를 작성한다. 내용증명을 발송하려면 ①우체국에 방문하거나 ②24시간 인터넷우체국을 통해 가능하다. 우체국은 문서를 3년간 보관하고, 문서조회 및 재증명이 가능하며, 내용증명을 보내면서 배달증명을 신청하면(요금추가) 상대방이 언제 받았는지도 확인해준다.

> ## 내용증명에 포함할 사항
>
> • 이름, 주소, 전화번호 등 신상을 알 수 있는 구체적 정보
> • 작성일자(내용증명을 보내는 날짜)
> • 세부 금전 거래 또는 명도 고지 등에 대한 내용
> • 발신인의 날인
> • 답변 기한(필수사항은 아니나 상대방을 압박하는 효과가 있음)

　내용증명을 잘 쓰는 방법은 딱히 없다. 먼저 내용증명의 제목을 정하고 발신자와 수신자의 성명 및 주소와 연락처를 정확히 적으면 된다. 내용증명의 제목은 '통고서', '통지서', '최고서' 등 목적이 잘 들어가도록 정하면 된다. 내용증명 명칭 그대로 제일 상단에 써도 무방하다.

　내용증명을 쓸 때는 상대방에게 통지할 내용이 정확히 전달될 수 있도록 간결하고 명확하게 작성하면 된다. 내용증명 단계에서는 소장에 들어가는 내용을 미주알고주알 모두 쓸 필요는 없다. 상대방에게 심리적 압박감을 주고 본인이 원하는 방향대로 이행할 것을 촉구토록 함이 목표이기에 사실과 무관한 내용을 장황하게 늘어놓을 필요는 없다. 실제 소송단계에서 상대방이 내용증명의 잘못된 내용을 토대로 오히려 공격할 우려가 있기 때문이다.

내용증명

발신: 전병수(HP: ○○○-○○○○-○○○○)
　　　○○시 ○○구 ○○동 ○○○-○○번지
수신: ○○○(HP: ○○○-○○○○-○○○○)
　　　○○시 ○○구 ○○동 ○○○-○○번지

본인은 ○○경매 사건 2017타경○○○○물건을 낙찰받고 ○○○○.○○.○○. 낙찰대금을 납부한 상기 부동산의 소유자 전병수입니다. 본인은 낙찰 이후 수차례에 걸쳐 귀하와 상기 부동산의 인도를 협의하였으나, 배당일 이전에 협의에 진척이 없으므로 부득이 아래와 같이 최종 통보하오니 신중히 판단하시어 결정하시기 바랍니다.

– 아래 –
점유자 ○○○를 상대로 ○○○지방법원에 인도명령을 신청하고 인도명령 판결 즉시 ○○○지방법원에 강제집행을 신청하겠습니다. 2018.○○.○○ 낙찰잔금 납부일 이후부터 본 부동산을 낙찰자에게 명도할 때까지 본 부동산의 월 사용료로 월 ○○○만 원(낙찰가 ○○○,○○○,○○○원×1%)의 금액을 점유자에게 청구하겠습니다.

귀하는 경매 배당금 수령에 필요한 낙찰자의 명도확인서 및 인감증명서를 수령할 수 없으며, 또한 본인은 상기 배당금에 대해 가처분신청을 하여 소송이 끝난 후에 월세청구 비용, 소송비, 강제집행 비용을 점유자에게 청구할 것입니다.

낙찰 이후 많은 시간이 경과하였는 바, 주위에 조언을 구하셔서 부디 현명한 판단을 하시길 바랍니다.

2018년 ○○월 ○○일

내용증명: 임대차계약해지 및 전세보증금 반환청구

발신: 전병수(HP: ○○○-○○○○-○○○○)
　　　○○시 ○○구 ○○동 ○○○-○○번지
수신: ○○○(HP: ○○○-○○○○-○○○○)
　　　○○시 ○○구 ○○동 ○○○-○○번지

> 부동산의 표시: ○○시 ○○구 ○○동 ○○○-○○번지 ○○호

1. 귀하의 무궁한 발전을 기원합니다.

2. 상기 부동산에 대해 임대인 ○○○와 임차인 ○○○는 20○○년 ○○월 ○○일부터 20○○년 ○○월 ○○일까지 전세 임대차계약을 체결하였습니다.

3. 본인은 최근 임대차계약 만료가 도래하여 20○○년 ○○월 ○○일 보증금 반환 문제로 임대인에게 전화를 하였고 당시 임대인으로부터 20○○년 ○○월 ○○일까지 임대차 보증금을 반환해주겠다는 약속을 받았습니다. 이에 만기가 도래하여 계약을 더 이상 갱신하지 않고 종료하기 위하여 임대인에게 이러한 내용의 통지를 합니다.

4. 따라서 계약이 종료되는 20○○년 ○○월 ○○일까지 전세 임대차 보증금 _____원을 반환하여 주시기 바랍니다.

5. 현재 본인은 임대인과의 통화에서 '보증금을 돌려주겠다'고 약속한 임대인의 말만 믿고 이사할 곳을 정하여 전세 임대차계약을 한 상태입니다.

2018년 ○○월 ○○일

인도명령이란?

　인도명령은 경매 절차에서 매수인의 매각대금 완납 후 6개월 내에 채무자와 소유자 또는 매수인에게 대항할 수 없는 모든 점유자에 대해 매각 부동산을 매수인에게 인도하도록 명하는 제도다.

1) 인도명령 신청 시 필요 서류

- 부동산 인도명령신청서
- 매각대금완납증명서
- 위임장, 인감증명서(대리인 신청 시)
- 점유자의 호적등본, 법인등기부등본

*입찰기록 서류에 기록이 없는 점유자를 상대방으로 인도명령을 신청할 경우 주민등록등본이나 사업자등록증, 영업명의 확인서를 첨부하거나 거주사실확인서 등을 첨부해 인도명령 신청을 해야 함.

2) 인도명령의 신청인

- 낙찰자, 낙찰자로부터 낙찰 부동산을 상속받은 자 등의 일반 승계인
- 낙찰자가 법인인 경우 법인 합병에 의해 승계한 법인

3) 인도명령의 상대방

- 채무자, 소유자, 대항력 없는 임차인과 부동산 점유자(민사집행법 제136조 1항)
- 채무자나 소유자의 일반 승계인

*부동산 점유자 중 낙찰자에게 대항할 수 있는 권원에 의해 점유 중인 자는 인도명령의 상대방이 될 수 없고(민사집행법 136조) 명도소송을 제기해야 함.

4) 인도명령의 상대방이 될 수 없는 자

(1) 낙찰자에게 인수되는(대항할 수 있는) 권리자

① 경매 시 매각으로 소멸하는 저당권, 압류, 가압류 등에 우선하는 대항력 있는 용익권, 즉 임차권자와 지상권자 및 유치권자가 이에 해당

② 매각 후 낙찰자와의 사이에 성립한 점유권

낙찰자와 점유자의 합의에 의해 성립된 용익권은 인도명령의 대상이 안 됨.

예) 낙찰자가 잔금 후 점유 중인 임차인과 임대차계약을 체결했다면 임차인은 적법한 점유권원에 의한 점유이기에 만약 임차인이 채무불이행을 할 경우, 낙찰자는 명도소송에 의한 권리 행사를 해야 함.

③ 대항력 있는 주택 및 상가 임차인

상임법상의 대항력과 우선변제권이 있는 임차인이 우선변제권을 선택해 경매 절차에서 배당요구를 한 경우, 그 임차인이 인도명령의 상대방이 되는가에 대해 임차인은 배당표가 확정될 때까지는 매수인에 대해 임차주택 또는 상가건물의 명도를 거절할 수 있기에 낙찰자에게 대항할 수 있는 권원에 점유하고 있는 것으로 보아야 한다.

(2) 재침입한 임차인

인도명령의 강제집행에 의해 퇴거당한 채무자, 소유자 등 인도명령의 상대방이 재침입해 점유해도 그자를 상대방으로 해서 인도명령을 신청할 수 없다. 단 강제집행으로 퇴거한 자가 재침입했을 경우 형법 제140조의 2(강제집행효용침해)에 의해 5년 이하 징역 또는 700만 원 이하의 벌금에 처한다. 그밖에 주거침입죄나 퇴거불응죄 등이 추가 적용될 수 있다.

부동산 점유자 중에 낙찰자에게 대항할 수 있는 권원에 의해 점유하고 있는 자는 인도명령의 상대방이 될 수 없다(민사집행법 136조). 이 경우 명도소송을 제기해야 한다.

부동산 인도명령 신청

사건번호: 2○○○타경○○○○○

신청인(매수인): ○○○
         서울특별시 ○○○ ○○○
피신청인(임차인): ○○○
         서울특별시 ○○○ ○○○

위 사건에 관하여 매수인은 2017.○○.○○.에 낙찰대금을 완납한 후 부동산을 점유 중인 임차인에게 별지 매수 부동산의 인도를 청구하였으나 임차인이 불응하고 있으므로, 귀원 소속 집행관으로 하여금 임차인의 위 부동산에 대한 점유를 풀고 이를 매수인에게 인도하도록 하는 명령을 발령하여 주시기 바랍니다.

2017년 ○○월 ○○일
매수인 ○○○ (인)
연락처(☎) ○○○-○○○○-○○○○

서울 중앙법원 경매 O계 귀중

명도소송이란?

　명도소송(인도소송)이란 부동산 임대차계약이나 경매 절차에서 점유자가 스스로 부동산을 인도해주지 않을 때 점유 이전을 위해 제기하는 소송이다.

　명도소송(인도소송)은 반드시 사전에 점유이전금지가처분 신청을 해두어야 한다. 왜냐하면, 명도소송을 진행하는 중에 점유자가 다른 자에게 점유를 이전시킬 경우 집행불능에 빠질 우려가 있기 때문이다.

1) 명도소송 상대방

- 인도명령의 대상이 아닌 점유자
- 압류효력 발생 전후 관계없이 유치권자
- 매수인으로부터 새로 임차한 자

- 채무자이며 선순위 대항력 있는 임차인
- 인도명령 대상자였으나 인도명령 대상 기한 6개월이 경과한 점유자

2) 명도소장 접수 시 필요 서류

- 매각대금완납증명원 1부
- 매각허가결정문 1부
- 매각물건 현황조사서 1부
- 별지목록(건물도면) 1부
- 부동산 등기부등본 1부
- 상대방 주민등록등본 1부
- 소명 자료
    - 상대방이 정당한 권원 없이 불법으로 점유 중인 사실
    - 점유권한이 없는 자로부터 양도받아 점유 중인 사실 등

민사소송 절차

구분	인도명령	명도소송
신청	담당 경매계	해당 법원
기간	대금 완납 후 6개월 내	하시
대상자	• 채무자 • 채무자의 일반 승계인 • 소유자 • 점유자	• 인도명령 대상에 해당하지 않는 점유자 • 인도명령 대상이나 6개월 기간이 경과한 점유자
소요 기간	2~3주	6개월~1년
기타	매각대금 납부 시 동시 신청	소송 전에 점유이전금지가처분 신청함이 효율적

인도명령 절차

인도명령 신청	대금 완납 후 즉시 신청
서면심리 및 소환에 의한 신문	민사집행법 제136조 4항
인도명령 결정	신청 후 2주 내 결정
인도명령결정문 송달	통상적으로 1~2주
강제집행 신청: 집행관 사무실	인도명령결정문 + 송달증명원

점유이전금지
가처분이란?

점유이전금지가처분이란 현재의 부동산 점유자가 제3자에게 점유를 이전하지 못하도록 법률적으로 강제하는 절차를 말한다.

점유이전금지가처분을 집행하게 되면 집행관과 성인 2명 등 입회인이 함께 가므로 점유자에게 심리적으로 압박할 수 있어 협상의 여지가 생기고, 만약 폐문인 경우 강제로 개문한 후 내부에 가처분결정문을 부착하기에 인테리어나 집기 등 내부 상태를 확인해볼 수 있다.

점유이전금지가처분 접수 시 필요 서류
①신청서 1통 ②소명 자료 ③별지목록 6부 ④대법원 수입증지
⑤인지대(10,000원) ⑥송달료(22,200원=2인×3,700원×3회분)

점유이전금지가처분 절차

점유이전금지가처분 신청	
▼ 3~4일 후	
법원 보정명령	소명 자료 부족, 비용 부족 등
▼ 3~4일 후	
법원 담보제공명령	보증보험증권, 현금공탁서 사본
▼ 3~4일 후	
점유이전금지가처분 결정	결정문 송달 후 2주 내에 집행 신청
▼ 14일 내	
가처분 집행 신청	

강제집행이란?

　강제집행이란 채권자의 신청에 의해서 국가의 집행기관이 채권자를 위해 집행권원에 표시된 사법상의 이행청구권을 국가권력에 기해 강제적으로 실현하는 법적 절차를 말한다.

1) 인도명령에 기한 강제집행 신청 시 필요 서류
① 부동산 인도명령결정문
② 송달증명원
③ 강제집행예납금(강제집행 접수비, 집행관수수료, 노무비 등)

(1) 강제집행신청서 작성
법원 내 집행관 사무실에 있는 양식에 의해 작성한다.

(2) 예납금 납부

강제집행 신청 시에 수수료를 납부하면 집행관이 현장을 방문해 점유자에게 선의적으로 인도할 것을 촉구하고, 그렇지 않을 경우 강제집행할 것을 계고하면서 2차 본 집행을 위한 노무비를 산정한다.

2) 강제집행 절차

집행관 사무실에서 낙찰자에게 집행할 날짜와 시간 등을 정해준다.

(1) 집행 방법

집행관은 직접 실력으로 부동산에 대한 채무자의 점유를 배제하고 채권자에게 점유를 취득하게 하는 직접강제의 방법에 의해 집행한다. 만약 채무자가 집행에 저항하는 경우에는 필요 한도 내에서 위력을 행사해서라도 집행을 수행해야 하고, 필요 시 경찰 또는 국군의 원조도 청구할 수 있다(민사집행법 제5조 2항).

(2) 낙찰자 출석 여부

낙찰자가 부동산을 인도받기 위해서는 현장에 반드시 출석해야만 집행이 이루어진다. 이때 낙찰자 외에 증인 2명이 출석해야 한다.

(3) 가족, 동거인이 있는 경우

채무자와 함께 거주 중인 가족이나 동거인 또는 고용인에 대해서는 별도의 집행권원 없이도 집행할 수 있다(채무자의 점유보조자로서 독립된 점유자에 해당한다고 볼 수 없기 때문이다).

(4) 집행 종료 시기

부동산 강제집행은 부동산에 대해 낙찰자가 현실의 점유를 취득한 때에 종료하며, 낙찰자의 점유 취득 후 채무자가 다시 침입할 경우 형법상 강제집행효용침해죄나 주거침입죄를 물을 수 있다.

> **형법 제140조의2(부동산강제집행효용침해)**
>
> 강제집행으로 명도 또는 인도된 부동산에 침입하거나 기타 방법으로 강제집행의 효용을 해한 자는 5년 이하의 징역 또는 700만 원 이하의 벌금에 처한다.

> **형법 제319조(주거침입, 퇴거불응)**
>
> ① 사람의 주거, 관리하는 건조물, 선박이나 항공기 또는 점유하는 방실(房室)에 침입한 자는 3년 이하의 징역 또는 500만 원 이하의 벌금에 처한다.
> ② 전항의 장소에서 퇴거요구를 받고 응하지 아니한 자도 전항의 형과 같다.

강제집행 전체 흐름도

인도명령 신청	낙찰자→ 대금 완납 후 바로 신청
서면심리 및 소환에 의한 심문	민사집행법 제136조 4항
인도명령 결정	신청 후 2주 내 결정
인도명령결정문 송달	통상적으로 1~2주
강제집행 신청: 집행관 사무실	인도명령결정문 + 송달증명원
집행을 위한 현장조사	1~2주
집행비용 예납	
강제집행기일 통지	2주
강제집행 계고	
강제집행 실시	보관창고로 이송
유체동산 보관 신청	유체동산 처분은 3개월 내 할 것!
유체동산 압류 신청	압류 집행(빨간 딱지) 및 목록표 작성
유체동산 감정평가 신청	
유체동산 경매기일 신청 및 낙찰	채무자에게는 사전 내용증명 발송

3) 강제집행 후 유체동산 처리 절차

(1) 강제집행 실시

① 채무자가 있을 경우

명도 현장에 채무자가 있어 집기를 강제집행했다면 가재도구 등의 처리는 낙찰자가 아닌 채무자가 해야 하나, 강제집행 후 채무자가 가재도구를 다른 곳으로 이전할 경제적 능력이 없거나 다른 장소로 이전하지 않을 것으로 예상되는 때는 낙찰자가 보관해야 한다.

② 채무자가 없는 상태에서 강제집행

집행관을 대동해 현장을 방문했으나 채무자가 부재중이거나 집행방해 목적으로 문을 열어주지 않아 2회 집행이 불능이 될 경우, 집행관이 낙찰자 입회하에 강제로 개문해 강제집행한다. 채무자 소유의 가재도구는 낙찰자가 보관을 책임지나 보관비용은 채무자 부담으로 한다(실무상 낙찰자가 부담하고 후에 채권추심).

> **민사집행법 제258조**(부동산 등의 인도청구의 집행)
>
> ① 채무자가 부동산이나 선박을 인도하여야 할 때는 집행관은
> 채무자로부터 점유를 빼앗아 채권자에게 인도하여야 한다.
> ② 제1항의 강제집행은 채권자나 그 대리인이 인도받기 위하여
> 출석한 때만 한다.
> ③ 강제집행의 목적물이 아닌 동산은 집행관이 제거하여 채무
> 자에게 인도하여야 한다.
> ④ 제3항의 경우 채무자가 없는 때에는 집행관은 채무자와 같
> 이 사는 사리를 분별할 지능이 있는 친족 또는 채무자의 대
> 리인이나 고용인에게 그 동산을 인도하여야 한다.
> ⑤ 채무자와 제4항에 적은 사람이 없는 때에는 집행관은 그 동
> 산을 채무자의 비용으로 보관하여야 한다.
> ⑥ 채무자가 그 동산의 수취를 게을리한 때는 집행관은 집행법
> 원의 허가를 받아 동산에 대한 강제집행의 매각 절차에 관한
> 규정에 따라 그 동산을 매각하고 비용을 뺀 뒤에 나머지 대
> 금을 공탁하여야 한다.

(2) 유체동산 경매

채무자가 장기간 가재도구를 찾아가지 않을 경우 낙찰자는 집행관사무소에 비치된 '집행목적물이 아닌 유체동산 경매허가신청서'를 작성해 인도집행조서 사본과 함께 신청하면 법원은 유체동산 경매허가결정을 내려준다.

① 유체동산의 경매신청

낙찰자는 부동산 인도집행조서에 의하여 채무자 명의의 유체동산에 대한 경매신청을 집행관사무소에 가서 해야 한다.

② 유체동산의 압류 신청

낙찰자가 유체동산 경매신청을 하면 집행관은 낙찰자에게

압류 집행 날짜와 시간을 통보해준다. 이때 낙찰자는 지정한 날짜 및 시간에 반드시 현장에 참석해야 하며, 집행관은 보관창고에서 압류 집행(소위 빨간 딱지를 붙이는 행위)을 하고 압류물 목록표를 작성한다.

③ 감정평가 신청

유체동산의 압류 신청 후 낙찰자는 집행관사무소에 가서 압류된 유체동산에 대한 감정평가 신청을 해야 압류된 유체동산에 대한 평가금액이 나온다. 이를 기준으로 유체동산을 경매 진행할 수 있다.

④ 유체동산 경매기일 신청

유체동산 감정평가 금액이 나오면 낙찰자는 다시 집행관사무소에 가서 경매기일 지정 신청을 해야 한다. 이후 집행관은 낙찰자에게 경매기일과 시간을 통보해주고, 낙찰자는 집행관이 지정하는 기일과 시간에 현장에 참석해 본인이 직접 유체동산을 낙찰받은 후 처분 조치한다(그간 소요된 보관비용과 낙찰금액은 상계처리함).

전자소송으로
쉽게 하기

　대법원 전자소송 사이트에 접속하면 법원을 방문할 필요 없이 소송서류를 제출할 수 있고, 법원이 발송하는 서류들도 우편을 통하지 않고도 곧바로 해당 서류를 확인할 수 있다.

　사실 관할법원에 직접 소장을 접수하려면 담당 직원으로부터 소장이 제대로 작성됐는지 확인받아야 하고, 인지대와 송달료 납부를 위해 법원 내 이리저리 돌아다녀야 하는 불편함도 있다. 무엇보다도 소송 상대방이 송달을 받지 않아 보정명령이 떨어진다거나 준비서면 등 서류 제출 시 법원에 쫓아다녀야 하는 불편함이 크나, 전자소송을 이용하면 집에서 인터넷으로 간단히 처리할 수 있다. 필자도 최근 몇 년간 10건 이상의 소송을 전자소송으로 진행했다.

① 대법원 전자소송 홈페이지에 접속한다.

② 홈페이지 첫 화면에서 해당 소송에 맞는 서류를 선택한다. 예를 들어, 지급명령을 할 경우 서류 제출 내 지급명령 버튼을 클릭한다.

③ 전자소송 진행 동의에 표시한 후 당사자 작성을 클릭한다.

④ 사건명과 소가 및 제출법원을 선택한다.

※ 제출법원은 피고의 주소지 관할법원이 원칙이나, 금전의 지급을 구하는 경우 원고의 주소지 관할법원도 가능하기에 본인이 편한 관할법원으로 함이 유리하다.

⑤ 당사자를 입력하고 청구 취지를 작성한다.

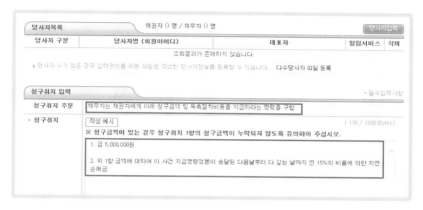

⑥ 청구 원인을 작성한다.

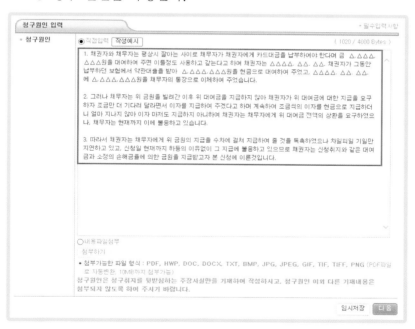

⑦ 첨부 서류를 작성한다.

⑧ 지급명령신청서와 첨부한 서류를 확인한다.

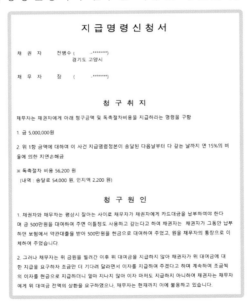

⑨ 전자서명을 클릭한 후 소송비용을 납부한다. 문서제출 버튼까지 클릭하면 신청서 제출이 완료되고, 곧바로 사건번호가 부여된다.

- 상가 경매 큰 그림 그리기
  SubNote) 폐문부재 상가 명도 요령

- 선배님 명도하기
  SubNote) 상가 경매 물건 선정 노하우

- 3개 회사 동시에 명도하기
  SubNote) 가압류 딱지가 붙어있을 때
  SubNote) 강제집행비용 산출법

- 선순위 전세권 대기업을 명도하라
  SubNote) 상권분석은 배후지 분석에서 시작된다
  SubNote) 선순위 전세권과 배당요구 종기일

Part 3
상가 경매 명도의 ABC

- 명도에 연연할 필요는 없다
  SubNote) 임대수익을 높이려면 상가를 분할하라
  SubNote) 명도협상 잘하는 비법

- 체납관리비의 역습
  SubNote) 건물관리소와 협상하는 방법

- 체납관리비 대처 방법 숙독하기

전략적으로 사고하는 습관을 키워라!

1986년 체르노빌 원전사태가 터졌을 때, 헤지펀드의 대가인 조지 소로스는 24시간 안에 대략 세 가지 전략적 결단을 내리고 구체적인 실행에 착수했다고 한다.

첫째, 미국 곡물 시장에서 선물로 대량의 곡물을 매수한다.
둘째, 브라질, 아르헨티나 등 중남미 포도농장을 인수한다.
셋째, 원전 이외 대체에너지 관련 주식을 매집한다.

미국과 한참 떨어진 나라(구소련)에서 일어난 사건인데, 소로스는 뚱딴지같이 왜 이런 판단을 내리고 실행에 옮겼을까?

첫째, 사고가 난 체르노빌 원전 인근에는 당시 세계 곡물 수급의 10% 이상을 차지하던 우크라이나 곡창지대가 있었다. 방사능오염 염려로 구소련 곡물이 안 팔리게 될 경우 상대적으로 미국의 곡물 회사들이 최대 수혜를 받게 될 것이다.

둘째, 사고 발생 후에 이삼일이 경과하면 방사능 오염물질은 편서 풍 기류를 타고 프랑스, 이탈리아 와인농장에 타격을 가한다. 이 경우, 지구 반대편의 브라질, 아르헨티나 농장들은 거의 타격이 없기에 오히려 남미 와인들이 각광을 받을 것이다.

셋째, 원전사고 이후 전 세계 각국들은 원전의 위험성을 인식하고 대체에너지 개발에 몰두하게 된다.

대부분의 사람들이 주가폭락으로 패닉에 빠져있을 때, 실전 투자 의 대가는 정확한 안목으로 최대의 돈을 버는 기쁨을 만끽하게 된 다. 주식이나 부동산 투자 등 재테크의 세계에서 큰 수익을 위해 서는 평소에도 전략적으로 사고하는 습관을 키워야 한다. 전쟁이 나 대지진 등 사회 전반적으로 엄청난 영향을 줄 수 있는 악재가 발생했을 때 현명한 투자자라면 공포에 빠진 대중과는 달리 전략 적 사고를 통해 과감히 투자할 수 있어야 한다.

상가 경매
큰 그림 그리기

상가 경매 투자가 다들 어렵다고 한다. 하지만 기본만 지키면 어렵지 않다. 아파트와 달리 상가 투자의 최대 리스크는 '공실' 리스크다. 6개월 이상 장기간 공실이 생길 경우 관리비에, 대출이자에, 세금에 심리적으로 감당하기 어렵다.

그렇다면 상가 공실의 리스크를 줄일 수 있는 최선의 방법은 뭘까? 바로 역세권 상가 투자다. 지금까지 필자가 받은 상가들 대부분은 지하철역에서 도보로 10분 거리 이내의 초역세권에 위치한다.

역세권 상가는 임차도 수월하지만, 적정한 가격에 내놓을 경우 잘 팔리기에 매도차익도 쏠쏠하게 올릴 수 있다. 상가 경매 초기 나의 기본 투자전략은 역세권 상가를 70% 언저리에 경매로 낙찰받은 후 또박또박 월세를 받다가 양도세 부담이 덜해지는 3~4년 후에 감정가 근처 가격으로 파는 것이었다.

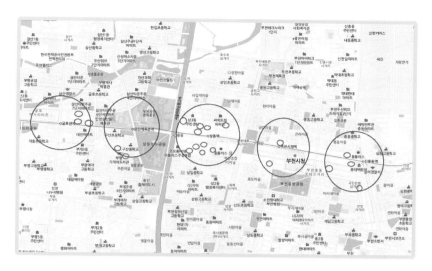

△ 지도에서 동그라미 친 부분들은 필자가 지하철 7호선 개통을 전후해 부천 중동, 상동 신도시와 인천 부평구 일대에서 입찰에 참여했던 물건들로서 이 중에 상당수 낙찰에 성공했다.

아파트 내 상가는 1층 전면상가는 잘 나오지도 않고 대개 후면 가장 안 좋은 자리가 나올 확률이 높다. 필자처럼 전국적인 비즈니스(?)를 염두에 두고 하는 투자자에게는 맞지 않는다. 하지만 역세권에 위치한 근린상가는 경매로 잘 나오지도 않고 설사 나오더라도 고가 낙찰되기 쉽다. 입찰 경쟁도 치열하기에 사전에 충분한 수익률 분석을 마쳐야 한다. 입찰 전에 이 물건에 몇 명이나 입찰할지, 어떤 사람들이 입찰할지 충분히 고민한 후에 입찰가를 써야 하며, 명도 이후 충분한 넥스트 플랜을 사전에 마련한 뒤에 투자해야 한다.

다음 물건은 재직 중에 와이프 명의로 낙찰받았던 상가다.

| 소재지 | 경기도 부천시 원미구 상동 546-9, | | 빌딩 | | 도로명주소검색 | | | |

본문:

지금이야 건물주니 상가 투자니 하며 소위 수익형 부동산에 대한 인기가 높지만 2008년 서브프라임 사태로 경제에 찬바람이 돌 당시에 상가의 인기는 그리 높지 않았다. 당시 필자는 최소 자본으로 최대 효율을 거둘 투자처로 상가를 주목했다. 타이밍상 경기가 찬바람이 불고 있지만 정부의 부동산 규제완화책으로 IMF 시절처럼 몇 년만 버티면 다시 경기가 살아날 것이기에 2009년

무렵을 상가 경매 투자의 최대 적기로 봤다.

당시 필자가 살던 판교 일대의 상가를 샅샅이 훑어봤지만, 필자의 자본으로는 어림도 없었다. 그러나 부천, 인천, 일산 일대 상가는 공급과잉이라 그런지 그리 부담되지 않는 수준이었다. 특히 비슷한 시점에 비슷한 평수의 분당 정자동 상가와 부천 상동의 상가 가격은 약 2배 차이가 났다. 분당과 부천의 프리미엄 차이라지만 아무래도 어느 한쪽이 저평가돼 있음이 틀림이 없었다. 경매 정보지를 통해 물건을 검색한 순간, 싼 가격을 도무지 이해할 수가 없었다.

당시는 지하철역이 없지만 2~3년 후면 7호선 상동역이 생길 경우 도보로 5분 거리의 역세권으로 변할 것이고 더구나 부천에서 가장 최근에 들어선 택지지구 상동이 아닌가? 당시 필자가 살던 30평대 판교아파트는 5억 원대 중반을 호가했다. 당시 판교아파트를 임차로 줄 경우 보증금 3,000만 원/월세 150만 원 선이었고 상동 일대 70평 상가를 임차 줄 경우 보증금 3,000만 원/월세 230만 원 선이었다.

가격은 아파트가 두 배 이상 비싸지만 월세로 전환 시 받는 금액은 상가가 훨씬 효율성이 뛰어난 것이다. 그렇다면 아파트 공화국인 한국에서 지금이야 아파트의 인기가 좋겠지만 미래의 어느 시점, 특히 경기불황으로 베이비부머의 은퇴가 본격화될 경우 상가의 인기는 더욱 치솟을 것이며, 그럴 경우 상가 가격은 급등할 것이다.

가지고 있는 전 재산이 대출 잔뜩 낀 아파트 한 채와 분양권, 약간의 현금과 주식이지만 더 이상 투자를 미룰 이유는 없었다. 그렇다면 얼마를 써야 할까? 내가 보기에 좋은 떡은 남들이 보기에도 좋다.

경매 정보지를 통해 당시 부천 일대 상가 평균 낙찰가를 분석해보면 60%대 후반이었다. 경매 정보지 하단에 보면 친절하게 입찰지 인근 상가들의 평균 낙찰가와 예상 낙찰가까지 분석해놓고 있다.

하지만 가만히 생각해보면 입찰에 참가하는 모든 사람이 이 정도 정보는 접할 텐데 과연 어떻게 낙찰받을까? 필자는 경매 입찰할 경우 낙찰확률이 비교적 높은 편이다. 경매학원을 운영할 때는 수강생들과 같이 근 1년여간 10건을 낙찰받은 때도 있었다. 명도도 중요하지만 일단 낙찰받을 수 있어야 한다. 일단 낙찰받아야 명도를 하든 개발을 하든 뭐라도 할 것이 아닌가?

보통 경매 투자자들이 가장 많이 하는 분석 방법은 다음과 같다.

첫째, 경매 사이트에서 과거 낙찰률과 낙찰가 분석
둘째, 경매 사이트 참가 클릭 수 분석
셋째, 현 부동산 시장 분위기 분석

상기 물건은 입지, 가격 모두 흠잡을 데 없는데 소액의 유치권이 걸려있어 3차까지 내려간 상태다. 당시만 해도 상가 경매 시 3차까지 입찰가가 내려가는 경우가 비일비재했기에 이상할 정도는 아니다.

와이프 명의로 입찰했기에 법원 입찰장에 가지는 않았다. 어차피 법원 입찰장에 가봤자 분위기에 휩쓸릴 수 있기에 인터넷으로 검색하며 차분히 분석하는 편이 더 낫다. 입지가 좋기에 분명히 상당히 많은 사람이 입찰할 텐데 물건을 가져오려면 얼마에 써야 할까? 틀을 깰 수밖에 없다! 대부분의 사람이 2차 가격 밑, 3차 가격 언저리에서 쓸 것이니 2차 가격을 넘겨서 쓰자!

입찰장에 간 와이프로부터 낙찰장 분위기를 들어보니 20여 명 이상이 참가했고 전차보다 높은 2차 가격에 입찰하자 어떤 이는 "그 가격에 쓸 거면 왜 2차 때 입찰하지 않았냐?"는 말도 했다고 한다. 당시 이 방법은 그 후 몇 차례 시도해 성공을 거두었다. 지금은 상가 경매 인기가 높아져 1차 가격보다도 높은 100% 이상 낙찰도 빈번하다.

낙찰 후 유치권이 있어 1금융권 대출이 안 돼 지방수협에서 80%까지 대출받았다. 그리고 공격적인 투자를 위해 당시 거주하던 판교 아파트도 전세를 주고 안양의 한 월세 아파트로 이사했다. 출퇴근 거리가 멀어져 몸은 다소 피곤했지만 미래에 대한 기대가 컸기에 이 정도 수고는 아무것도 아니었다.

이 물건은 대로변 남향을 바라보는 7층 전면상가다. 상가는 대로변에 접한 면이 클수록 임대 놓기가 좋다. 대로변 상가는 후

면상가보다 같은 평수 대비 1억 원 이상 차이 나기도 한다. 대로변 전면은 광고하기도 좋고 채광과 뷰가 좋기에 세가 잘 나간다.

현장에 갔더니 부도난 D건설회사의 현관문은 굳게 잠겨 있었다. 관리소장을 통해 내부로 들어가 보니 현장은 당시의 긴급한 상황을 그대로 보여주고 있었다. 채권자들이 갑작스럽게 몰려왔는지 컴퓨터와 서류철이 책상 위에 그대로 내팽개쳐 있었고, 회장실에 들어가 보니 책상 위 재떨이에 수북이 쌓인 재떨이와 활짝 열린 금고들. 부도 나기 직전 채권자들이 몰려오기 전에 처량한 심정으로 담배를 피우고 급하게 귀중품들을 챙기고 나간 회장의 뒷모습이 선하다.

부도난 건설사였기에 회장과 연락이 되지 않았으나 결국 회장 아들과 연락이 됐다. 사무실 내 에어컨·책상 등 모든 집기류를 사는 조건으로 이사비를 주니 비교적 수월하게 명도가 끝났다.

이 건물은 고시원 개발도 염두에 두었으나 위층에 이미 고시원이 들어왔기에 소호 사무실로 개발했다. 도면을 보고 직접 16개로 분할한 후에 잘 아는 사장님에게 인테리어를 맡겼다.

직장인이 매월 받는 월급 개념으로 개발한 상가인데, 투자한 지 7년이 경과한 이 물건은 인근 중개업소에서 5억 원에 팔라는 전화가 온다. 팔고 싶은 마음은 굴뚝같은데 와이프의 반대로 못 팔고 있다. 사실 매도 타이밍을 놓쳐(?) 양도차익이 너무 커졌다.

대출을 80% 이상 쓰고 임차보증금으로 회수됐기에 투입자금은 그리 많지 않다. 만약 5억 원 정도에 매도할 경우 실제 투입원금은 3,000만 원 정도니 수익률은 1,000%에 육박할 것 같다.

필자는 상가 경매 시 레버리지를 최대한 활용한다. 그 이유는 ①투입원금을 최소화해야 다음 물건에 또 투자할 수 있고 ②세금 신고 시 대출이자를 비용으로 털 수 있기 때문이다. 상가 경매에 대한 확신만 있으면, 대출 레버리지를 활용해 엄청난 수익률을 거둘 수 있다. 최소 비용으로 최대의 효율을 거두는 데 상가 경매의 매력이 있다.

SubNote 폐문부재 상가 명도 요령

원칙적으로 우리나라 법에서는 국가기관에 의한 강제집행이 아닌 개인의 사적 실행, 즉 자력구제는 금하고 있다. 최악의 경우 상대방이 주거침입죄나 재물손괴죄로 형사 고소할 수도 있어 항상 주의해야 한다.

그러나 상가 경매에서 폐문부재한 공실 상가는 비일비재하기에 무작정 강제집행에만 의존하기보다 상황에 따른 정황적 판단이 무엇보다 중요하다.

필자는 폐문부재 상가 경매 시 다음 수순에 따라 진행한다.

① 아무런 짐이 없으면 별다른 문제가 안 된다. 관리소장의 협조를 구한 후 성인 2인 입회하에 개문을 실시한다.

② 약간의 짐들이 있을 때는 어떻게 해야 할까? 소량이라도 함부로 짐을 옮겨서는 안 된다.
- 관리사무소의 협조를 얻어 관리소장 및 성인 2명 동행하에 문을 열고 물건들을 확인한 후에 사진과 동영상을 찍어둔다.
- 집기류에 대해 물건목록을 작성한 후 관리소장님 사인을 받아둔다.
- 집기류를 상가 내 한 모퉁이나 보관창고에 1~2개월 정도 보관해둔 후에 현관 입구에 며칠까지 찾아가라는 내용의 A4 사이즈 공지문을 붙여둔다.

③ 공실 상가는 대부분 연체관리비가 많으니, 관리사무소에 공유분 관리비를 대납한 후 반드시 관리비 납입영수증을 받아둔다. 만약 나중에 이전 주인이 나타나 비품을 요구할 경우 체납관리비를 대신 갚아줄 것을 요구한다.

선배님 명도하기

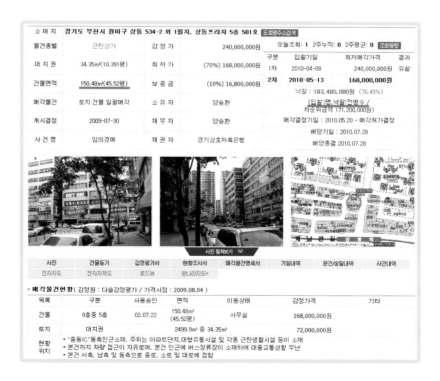

소재지	경기도 부천시 원미구 상동 534-2 외 1필지, 상동프라자 5층 501호 도로명주소검색							
물건종별	근린상가	감정가	240,000,000원	오늘조회: 1 2주누적: 0 2주평균: 0 조회동향				
대지권	34.35㎡(10.391평)	최저가	(70%) 168,000,000원	구분	입찰기일	최저매각가격		결과
건물면적	150.48㎡(45.52평)	보증금	(10%) 16,800,000원	1차	2010-04-08	240,000,000원		유찰
매각물건	토지·건물 일괄매각	소유자	양승환	2차	2010-05-13	168,000,000원		
개시결정	2009-07-30	채무자	양승환	낙찰: 183,480,000원 (76.45%)				
사건명	임의경매	채권자	경기상호저축은행	(입찰:3명, 낙찰:전병수 / 차순위금액 171,200,000원) 매각결정기일 : 2010.05.20 - 매각허가결정 배당기일 : 2010.07.28 배당종결 2010.07.28				

사진	건물등기	감정평가서	현황조사서	매각물건명세서	기일내역	문건/송달내역	사건내역
전자지도	전자지적도	로드뷰	온나리지도+				

● 매각물건현황(감정원 : 다솔감정평가 / 가격시점 : 2009.08.04)

목록	구분	사용승인	면적	이용상태	감정가격	기타
건물	8층중 5층	02.07.22	150.48㎡ (45.52평)	사무실	168,000,000원	
토지	대지권		2499.9㎡ 중 34.35㎡		72,000,000원	
현황 위치	* "중동IC"동측인근소재, 주위는 아파트단지,대형유통시설 및 각종 근린생활시설 등이 소재 * 본건까지 차량 접근이 자유로며, 본건 인근에 버스정류장이 소재하여 대중교통상황 무난 * 본건 서측, 남측 및 동측으로 중로, 소로 및 대로에 접합					

목록	구분	사용승인	면적	이용상태	감정가격	기타
건물	8층중 5층	02.07.22	150.48㎡ (45.52평)	사무실	168,000,000원	
토지	대지권		2499.9㎡ 중 34.35㎡		72,000,000원	
현황 위치	* "중동IC"동측인근소재, 주위는 아파트단지,대형유통시설 및 각종 근린생활시설 등이 소재 * 본건까지 차량 접근이 자유로며, 본건 인근에 버스정류장이 소재하여 대중교통상황 무난 * 본건 서측, 남측 및 동측으로 중로, 소로 및 대로에 접합					
참고사항	* 외필지 상동 534-3 소재					

● 임차인현황 (말소기준권리 : 2006.06.13 / 배당요구종기일 : 2009.10.09)

임차인	점유부분	전입/확정/배당	보증금/차임	대항력	배당예상금액	기타
(주)세경엘엔 씨	점포 전부	사업자등록: 2009.03.16 확 정 일: 미상 배당요구: 2009.10.12	보10,000,000원 월1,000,000원 환산11,000만원	없음	배당금 없음	배당종기일 후 배당신 청 양수인 김정훈
기타사항	☞임차인 주식회사 세경엘엔씨의 직원 유은영 진술. ☞임차인 배당요구 종기이후 배당요구서 제출.					

　　상기 물건이 나올 시점에 경매 정보지를 서치하면 부천 일대
상가의 평균 낙찰률은 60%대 후반에서 70% 언저리였다. 하지만
좋은 위치라 당연히 경쟁자가 많을 것으로 예상됐다. 당시 지하철
공사 홈페이지에 들어가 지하철노선도를 분석해 지도와 대조해보
니 상동역이 개통될 경우 도보 1분 거리의 초역세권 상가가 될 위
치였다. 무조건 받아야 할 상가였기에 예상 낙찰가보다 과감하게
높게 쓰기로 했다.

7호선 상동역이 개통되기 전이라 역세권은 아니지만 2년 후 지하철역이 개통되면 상동역 바로 앞의 초역세권으로 변하게 된다. 이럴 때가 기회다. 대중들에게 너무 알려졌을 때는 늦다.

2010년 당시만 해도 부천, 인천 일대의 상가 경매에서 70% 이상은 고가 낙찰에 해당했다. 경기불황으로 아파트 대비 상가의 인기가 그리 높지 않았기 때문이다. 76% 언저리로 입찰했더니 2등과는 1,200만 원 차이로 낙찰됐다. 후일 법원입찰에 참여했던 와이프 얘기를 들어보니 76%에 낙찰받으니 예상대로 법원 여기저기서 수군거리는 목소리가 들렸단다. "생초보가 왔군. 저렇게 높게 쓸 거면 동네 부동산 중개업소에서 사지! 괜히 경매 판을 흐리고 말이야."

요즘처럼 상가 경매의 인기로 100% 이상의 고가 낙찰이 속출하는 현실에 비춰보면 이런 식의 웅성거림이 매우 우습게 들릴 것이다. 하지만 당시에는 상가 경매의 인기가 높지 않았고 낙찰률도 낮았기에 매우 당연한 반응이었다. 사실 이 상가를 받은 목적은 임차를 주기보다는 내가 퇴직한 이후를 대비한 용도였다. 경매 입찰 전에 어느 정도 사전 준비작업을 한 상가였다. 본 물건지 501호를 받기 직전에 인근 중개업소를 샅샅이 뒤져보니 502호가 매물로 나와 있었다.

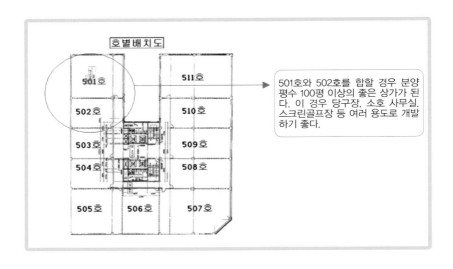

501호와 502호를 합할 경우 분양 평수 100평 이상의 좋은 상가가 된다. 이 경우 당구장, 소호 사무실, 스크린골프장 등 여러 용도로 개발하기 좋다.

　도면에서 501호와 502호를 합하면 70평대의 훌륭한 상가가 되며, 원룸텔이나 소호 사무실로 인테리어할 경우 쏠쏠한 임대수익을 거둘 수 있다. 퇴직 후 소호 사무실 등 몇 가지 개발 플랜을 염두에 두고 502호부터 인근 부동산 중개업소를 통해 매입한 후 바로 입찰에 참가했다.

　낙찰 후 그다음 주에 휴가를 내 와이프와 함께 현장에 갔다. 실제 내부로 들어가 보니, 감정평가사 사무실로 사용 중이었는데 다른 용도로 개발하기에 아까울 정도로 인테리어가 매우 잘 돼 있었다. 임차인인 감정평가사 대표님에게 정중히 인사드린 후 명도 여부를 협상하던 중에 사장님 뒤편 액자를 보니 호랑이 로고가 걸려있었다. 대화 중에 조용히 출신학교를 여쭤보니 동문이다. 동문 선배님은 "사무실 인테리어비에다 임차보증금도 거의 다 날아갔으니 이전과 동일 조건으로 사무실을 계속 사용할 수 있게 임차해 달라"고 요청하신다.

사정이 매우 딱하기는 하지만 이미 502호까지 매입한 상황에서 재임차를 주기가 곤란했다. 일단 집에 돌아와 와이프와 상의한 끝에 일단 두 달간은 무료로 임차하시되, 2개월 후에는 다른 곳으로 이전해줄 것을 간곡히 요청했다. 명도 후에 501호와 502호를 터서 다른 용도로 인테리어할 계획이었기에 별다른 방법이 없었다. 결국, 2개월 후 선배님은 인근 사무실로 이사하셨다.

그러나 막상 필자가 명도를 끝낸 후에 소호 사무실로 개발하려다 보니 인테리어 자금이 부족했다. 일단 501호와 502호를 각각 부동산 중개업소에 내놓은 후 다른 이에게 재임차를 주고 나서 어느 정도 자본이 충분히 확보되면 소호 사무실을 개발키로 계획을 수정했다.

이 물건은 약 2년 후 7호선 상동역이 개통되면서 지하철에서 도보로 1분 거리의 최고 역세권으로 변했다. 그러나 몇 년 지나 502호와 503호에 입실한 임차인을 모두 내보내고 개발하려니 명도가 쉽지 않은 데다 다른 층에 염두에 두고 있던 소호 사무실이 들어오자 바로 동네 부동산 중개업소에 내놓고 약간의 차익만 보고 성급하게 파는 우를 범하고 말았다.

SubNote 상가 경매 물건 선정 노하우

1. 근린상가에 투자하자!

근린상가란 주거지구와 인접해 걸어서 이용할 수 있는 상가건물로 주로 신도시 택지지구 내 근린생활지역과 근린상업지역 내 건물이 해당된다.

신도시 근린상가에 투자할 때는 역세권 위주로 하는 것이 좋다. 특히 근린상가 중에 아파트와 인접해 아파트 단지상가 기능도 할 수 있는 7층 미만의 근린상가가 가장 더욱 좋다.

2. 지하철 개통 호재를 살펴라.

국토교통부 홈페이지나 시도 홈페이지를 통해 개통되는 역사 현황을 예의주시한다. 예를 들어, 부천의 경우 지하철 7호선 개통 시점인 2012년 10월 전 2~3년 간이 최고의 투자 타이밍이었다.

기존의 부천역, 송내역 등 1호선 전철역 위주로 형성됐던 상권이 지하철 7호선 개통 이후에는 중동역, 상동역 위주의 상권으로 점차 이동하게 된다.

현재는 향후 5년 내 지하철 개통 호재 지역을 투자처로 주목해야 한다.

- 일산 · 파주 GTX 지하철역 주변─대곡역, 킨텍스역, 파주운정신도시
- 김포 경전철 개통라인─고촌동, 사우동, 김포한강신도시
- 원시 · 소사 전철역 개통라인─소사역 주변, 시흥역 주변 상권
- 신안산선 개통라인─독산동, 석수역 주변, 안산 중앙역, 한양대역 주변
- 8호선 전철역 연장라인─별내역 주변, 진건지구, 구리역 주변
- 평택 KTX역 개통라인─지제역, 서정리역, 송탄역 주변 상권

3개 회사
동시에 명도하기

《손자병법》 군쟁(軍爭) 편에 보면 우직지계(迂直之計)란 말이 있다.

"先知迂直之計者勝 (선지우직지계자승)"
가까운 길을 돌아가는 법을 먼저 아는 자가 승리를 거둔다.

전쟁터에 먼저 도착하는 것도 중요하지만, 상대방도 아군이 빠른 길을 택할 것임을 잘 알고 있어 매복이나 장애물들을 설치하기 때문에 때로는 일반적인 상식과는 달리 우회하는 것이 직선으로 가는 것보다 목적지에 훨씬 더 빨리 도착할 수 있다.

소재지	인천광역시 부평구 부개동 496-21, 새롬프라자14차 .층 .호 도로명주소검색						

물건종별	근린상가	감정가	510,000,000원
대지권	75.145㎡(22.731평)	최저가	(70%) 357,000,000원
건물면적	296.88㎡(89.806평)	보증금	(10%) 35,700,000원
매각물건	토지·건물 일괄매각	소유자	□□산업개발(주)
개시결정	2011-01-10	채무자	유□□
사건명	임의경매	채권자	북부천새마을금고
관련사건	2008타경56257(2)(소유권이전)		

오늘조회: 1 2주누적: 0 2주평균: 0 조회동향

구분	입찰기일	최저매각가격	결과
1차	2011-04-27	510,000,000원	유찰
2차	2011-05-27	357,000,000원	

낙찰: 405,100,000원 (79.43%)

(입찰1명,낙찰:전□□)
매각결정기일: 2011.06.03 - 매각허가결정
대금지급기한: 2011.06.30
대금납부 2011.06.30 / 배당기일 2011.08.11
배당종결 2011.08.11

사진 펼쳐보기 ∨

사진	건물등기	감정평가서	현황조사서	매각물건명세서	기일내역	문건/송달내역	사건내역
전자지도	전자지적도	로드뷰	온나라지도+				

■ 매각물건현황(감정원: 윤창구감정평가 / 가격시점: 2011.01.20)

목록	구분	사용승인	면적	이용상태	감정가격	기타
건물	7층중 7층	01.12.28	296.88㎡ (89.81평)	사무실(□□산업개발(주))	357,000,000원	* 2001.12
토지	대지권		519㎡ 중 75.145㎡		153,000,000원	
현황 위치	* "구산초등학교" 남측 인근에 위치, 부근은 아파트단지,업무용 및 상업용 부동산 등이 소재하고 있는 지역임 * 본건까지 제반차량의 접근이 용이하고 인근에 시내버스정류장이 소재하고 있어 대중교통사정은 양호한 편임 * 1필지 대체로 장방형의 토지로 근린생활시설부지로 이용되고 있음 * 동측,남측,북측으로 상태양호한 아스팔트포장도로와 접하고 있음.						

이 물건은 필자가 퇴직하기 전 공무원으로 재직 중에 낙찰받은 상가로 사실 2009년에도 경매에 나왔던 물건이다. 3억 원대 후반에 입찰했다가 2등으로 패찰한 아픈 기억이 있었으나 1년 후에 다시 물건으로 나와 내심 쾌재를 불렀던 물건이다. 지난번 아픈(?) 기억으로 이번에는 아예 확실히 낙찰을 받을 요량으로 4억을 넘겨 썼다. 입찰장에는 와이프를 파견했는데 개찰 당시 입찰자가 아무도 없어 매우 당황스러웠다고 한다. 와이프 표현으로는 입

찰자가 아무도 없어 4,500만 원을 말아먹었다는 생각이 들자 순간 현기증까지 돌았다고 한다. 단독입찰은 언제나 고통을 동반한다. 속 쓰린 마음은 있었으나 너무나 좋은 입지의 사거리 코너 대로변에 위치한 통 상가라 절대 놓칠 수 없는 물건이라는 점 등을 위안으로 삼았다.

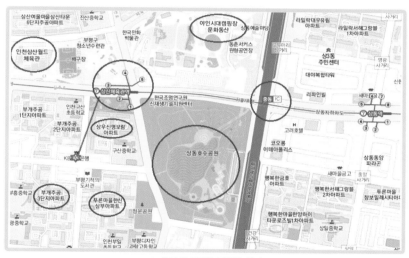

△ 상동 호수공원 근처의 상가

입지분석을 해보면 2011년 입찰 당시에는 7호선이 개통되기 전이나 개통 시 삼산체육관과 도보로 5분 거리다. 우측에 상동 호수공원이 자리 잡고 상가 주변을 신명보람아파트와 주공아파트, 삼부아파트 등 중대형 평수의 아파트들이 병풍처럼 둘러싸여 있어 주위 아파트 입주민들을 대상으로 한 학원·독서실·병원 등이 잘 자리 잡고 있다. 외곽순환도로 중동IC와도 접해있어 서울 출퇴근도 비교적 용이하며, 외곽순환도로와 올림픽대로를 이용 시 여의도 30분, 강남 40분 등 인천에서 가장 서울과 인접한 사통팔달의 지역이다.

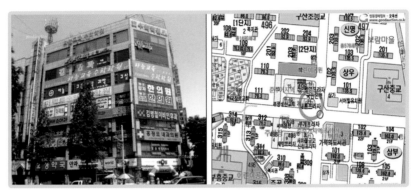

△ 첫 번째 패찰 후 두 번째 다시 낙찰받은 상가

더구나 이 건물은 상권입지 분석 시 가장 좋다고 할 오른편 사거리 코너 대로변에 위치해 있다. 경기불황으로 상가 경기가 침체할 때나 경매로 나오지 경기가 좋을 때는 나오기 힘든 경매 물건이다.

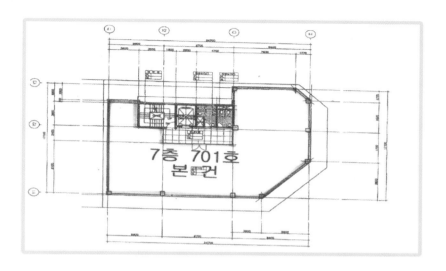

7층 701호
본건

　건물 구조도를 살펴보면 7층 전부를 쓸 수 있어 복도까지 활용할 경우 실평수 100평 이상의 개발가치가 있다. 건물 모양도 4면 중에 3면이 대로변이라 향이 좋다. 가장 이상적인 가로형의 타원 꼴이다. 고시원·소호 사무실·독서실·요양원·헬스장 등 여러 가지 용도로 인테리어해 부가가치를 높일 수 있는 상가다.

　입찰 당시 플랜은 독서실이나 소호 사무실로 리모델링할 생각이었다. 자본만 충분하다면 호수공원이 바로 옆에 있기에 요양원으로 리모델링해도 전혀 손색없는 입지다. 요양원은 가평, 양평 등 공기 좋은 곳도 좋지만 수도권 내 대형 공원을 낀 교통의 요지도 괜찮다.

　이 물건의 하이라이트는 건물의 일부를 점유 중인 3개 법인의 명도와 거액의 미납관리비였다. 임차인 현황을 보면 S건설을 비롯해 D산업과 B산업개발 등 3개의 법인이 동시에 임차해있다.

　건물은 D사 소유로 돼있으나, 임차인 현황을 보면 B사와 S사가 건물 일부를 점유사용 중인 것으로 나와 있다. 2개 법인은 관할 세무서에 사업자등록을 신고하지 않은 것으로 보아 임차인은 아닌 것으로 보이며 이전 소유자인 D사와 모종의 연관이 있을 것 같다. 상가임대차보호법상 대항력 기준인 주소지 내 사업자등록도 안 돼 있고 임차보증금 내역도 없으니, 아마도 낙찰자에게 거액의 이사비 요구 등 명도를 곤란하게 할 속셈으로밖에는 안 보인다.

　사무실 안에 들어가 보니 건설사 본사라 그런지 책상과 회의 테이블 등 각종 집기로 꽉 차 있어 강제집행하기도 수월하지 않을 듯싶다. 눈대중으로 훑어봐도 50개 이상의 책상과 100개 이상의 의자들, TV, 소파들까지…… 강제집행까지 가더라도 5톤 화물차로 최소 5대 이상의 분량이니 창고보관비까지 1,000만 원 가까이 소요될 수 있다.

설상가상으로 각종 집기에는 가압류 딱지까지 붙어있었다. 강제집행을 곤란하게 할 심사로 빨간 가압류 딱지까지 붙여두다니 과연 건설회사라 그런지 보통내기들이 아니었다. 저쪽이나 필자나 강제집행이 쉽지 않으리라는 점은 서로가 잘 알고 있다!

SubNote 가압류 딱지가 붙어있을 때

인도명령을 받은 후 강제집행을 위해 개문을 하고 들어갔는데 유체동산에 압류나 가처분으로 빨간 딱지가 붙어 있을 경우에 강제집행이 가능할까?

적극설은 강제집행으로 유체동산을 보관소에 이동하는 것이 가능하다는 입장으로 단순히 보관장소가 채무자 집에서 보관창고로 이동하는 것인바 '기존 유체동산 압류권자의 이익을 침해하지 않는다'는 점을 근거로 한다.

소극설은 동산 경매를 먼저 실시해 처분하거나, 가처분을 말소시켜야 강제집행이 가능하다는 입장으로 기존 유체동산 압류권자에 의해 실시된 압류 처분을 후행 집행관이 함부로 할 수 없다는 점을 논거로 한다.

→ 강제집행을 당하는 자가 자기방어를 위해 유용한 방법이다. 실무에서는 압류 물건 장소 이동 신청 또는 집행목적물 소재지 변경 신청을 통해 해결한다.

→ 압류한 동산은 3개월 내에 처분해야 한다. 만약 3개월 내에 처분치 않으면 법원은 2회에 걸쳐 처분을 촉구하고 이후 직권으로 동산압류를 취소한다.

최상의 시나리오는 소정의 이사비를 주고 빨리 이사시키는 게 능사겠지만 연체된 거액의 관리비가 문제다. 근 100평 가까이 되는 건물이 장기간 방치됐으니 관리비만 2,000만 원 이상 밀려있다. 부도난 회사라 관리비 채무부존재 확인소송을 한다 하더라도 받아내기가 쉽지 않을 텐데…… 갈수록 첩첩산중이다.

3개 법인을 어떻게 명도해야 할까? 일단 형사반장 콜롬보가 된 기분으로 하나씩 단서를 찾은 후 추리해본다.

첫째, 법인등기부등본을 떼어본다. 법인등기부등본은 인터넷 등기소에 들어가서 공인인증서와 ID만 있으면 간단히 발급받을 수 있다. 상가 경매에서는 법인 임차인일 경우 반드시 법인등기부등본부터 발급받아 임원진 구성 및 본점 소재지 등 회사 연원부터 살펴야 한다.

둘째, 법인등기부등본을 토대로 인터넷상으로 S사와 D사, B사를 차분하게 검색해보니 3개사 모두 중견 건설기업인 S사의 계열사로 나온다. S사는 한때 국내 도급순위 100위권에 들었던 중견 건설사였다. S사 홈페이지에서 대표이사, 이사 등 임원 현황을 살펴보니 D사, B사 대표이사들과 서로 중첩된다.

셋째, 이런저런 단서들을 조합해보니 어느 정도 윤곽이 나온다. 1개 파일로 임원과 회사 연혁 등 관련 내용을 모두 정리한 후 담당자를 한 명씩 만나 명도 향방을 판단하기로 했다.

　먼저 임차인으로 등록된 2개사 대표들을 만나보니 당시 해외 출타 중인 S사 회장이 실질적인 권한을 갖고 있고 자신들은 아무 결정권이 없다고 한다. 가장 큰 문제는 회장이 2~3개월 후에나 한국에 온다는 것이다. 설상가상이다.

　부도난 건설사 사장들과 대면 시 일단 잔금 이후부터는 매월 임차료와 강제집행비용 모두를 부당이득 소송으로 반환받겠다고 엄포를 놓긴 했으나 결정권자가 없으니 도무지 협상이 안 된다. 3개월 후 드디어 기다리던 회장님이 귀국했다. 전화로 시간을 약속하고 현장에 갔다.

△ 각종 집기로 꽉 차 있는 명도 현장

　명도 현장에는 와이프와 당시 다섯 살이던 쌍둥이 아들까지 데리고 갔다. S사 회장이 B사, D사 대표까지 모두 대동해 현장에 왔기에 이쪽도 비슷한 쪽수는 맞춰야 하지 않겠는가? 자칫 험악해질지도 모르는 명도 현장에 쌍둥이 아들놈들을 풀었더니 뭐가 좋은지 책상 위에 붙은 가압류 딱지를 떼질 않나, 아무리 주의를 시켜도 왁자지껄 시끄럽게 떠들면서 논다.

굳은 표정의 S사 회장님도 첫대면부터 이런 우리 가족들 모습을 보더니 기가 찼는지 이윽고 웃으면서 대한다(그래도 건설사 도급순위 100위 안에 들었던 중견기업 회장님께서 단란한 일개 샐러리맨 가족의 행복을 깨기야 하겠는가?). 회장님은 이사비는 묻지도 않고 오히려 비싸게 낙찰받은 것 같다고 필자를 위로하면서 잔금 후 상당 시간이 지났으니 소정의 사례비 정도를 주겠다고 했다. 최악의 경우 강제집행까지 갈지도 모르는 상황이었는데 사례비까지 받다니!

며칠 후 회사 직원들이 와서 알아서 짐들을 빼기 시작했다. 집기류가 워낙 많아 일부는 이사차로 못 나가는 바람에 관리소장에게 부탁해 지하주차장 가득히 짐들이 빼곡하게 들어찼다. 만약 강제집행까지 갔더라면 물류비까지 최소 1,000만 원은 들었을 터. 참 다행이다.

속앓이하던 명도문제가 점유자들과 웃으면서 해피엔딩으로 마무리됐지만, 아직 관리비 문제가 남아있다. 건물 관리사무소를 방문해 관리비 내역을 받아본다. 대법원 판례들을 근거로 나름대로 분석한 끝에 관리소장에게 미납관리비의 3년 치 공유분만 내겠다고 했으나 관리소장이 전액을 내야 한다며 으름장을 놓는다. 단전·단수 등 건물입주까지 방해하는 바람에 결국은 관리비 소송까지 갔다. 1심에서 조정이 성립돼 70% 수준에서 내는 것으로 타협을 봤다.

이 물건은 80%까지 경락잔금대출을 이용해 낙찰받아 이자 부담이 컸으나 동네 부동산 중개업소에 내놓았더니 바로 계약이 됐다. 헬스장을 하던 젊은 부부가 이 일대에서 헬스장 자리를 몇 달간 알아보던 중 이 건물을 주시하고 있었다고 한다. 임차보증금 5,000만 원에 월세 180만 원에 세를 주니 이자 빼고 매월 50만 원 이상 들어왔다.

원래 이 건물은 입지가 워낙 좋아 몇 년 후에 필자가 퇴직할 경우 헬스장과 계약을 종료하고 멋있는 독서실로 리모델링할 계획이었다. 인근 건물마다 학원들이 꽉꽉 들어차 있기에 독서실로 개발할 경우 승산이 있다고 봤다. 그러나 이후 임차 중인 젊은 부부가 너무나 열심히 헬스장을 운영한 데다 필자도 퇴직 후 여기저기 사업을 하고 있어 개발까지 이어지지는 않았다. 5년쯤 후 임차인 부부에게 낙찰가에서 몇천만 원 정도 매도차익만 남기고 팔아버렸다. 안타깝지만 좋은 임차인에게 매도했기에 후회는 없다.

어떤 건물은 아무리 낙찰받으려 해도 안 되고, 어떤 건물은 쉽게 낙찰받아도 좋은 수익모델로 개발하기가 힘들다. 일단 내 건물에 임차인을 들여놓으면 월세 인상은 가능하지만 5년간은 임차인을 내보내기가 힘들다. 건물도 사람도 다 인연이 있는가 보다.

`SubNote` 강제집행비용 산출법

만약 협상이 결렬돼 100평 상가를 강제집행하면 비용은 어느 정도일까? 강제집행 비용과 물류비용(3개월 창고보관료+이송료+유체동산 감평비용)을 모두 포함해야 한다.

【강제집행비용】: 200만 원

강제집행 접수비: 4만 원(접수 시 강제집행예납금 20~40만 원 납입)
집행관 기본 수수료: 1만 5,000원(2시간 초과 시 시간당 1,500원 가산)
노무자 수수료(1인당 7~9만 원, 야간집행은 20% 가산, 장비동원 시 별도)

5평 미만: 2~4명
5~10평: 5~7명
10~20평 미만: 8~10명
20~30평 미만: 11~13명
30~40평 미만: 14~16명
40~50평 미만: 17~19명
50평 이상: 매 10평 증가 시 2명 추가

결론적으로 100평 '노무자비용 = 28명 × 7만 원 = 196만 원'이다.

【물류비용】: 600만 원

한 컨테이너당 110만 원(창고보관료 3개월분) × 5대 = 550만 원
(*한 컨테이너는 통상적으로 실평수 20평 기준 분량)
스카이비용(20만 원) + 음료비(10만 원) = 30만 원
유체동산 감정평가비용: 20만 원

결론적으로 실평수 100평 상가 강제집행 시 800만 원 정도 비용이 예상된다.

필자가 50평(실평수) 아파트를 실제 강제집행 해보니 창고비용, 감평비용까지 포함해 250만 원 정도 소요됐다.

선순위 전세권 대기업을 명도하라

나무는 꽃을 버려야 열매를 맺고.
강물은 강을 버려야 바다에 이른다.

− 《화엄경》 −

늘 예의주시하던 지역에 마음에 드는 상가가 나왔다. 서울외
곽순환도로 중동IC 인근 인천 부평구 내 유일한 택지지구인 삼산
지구다. 삼산지구는 굴포천역과 삼산체육관역을 끼고 상권이 작
은 데 비해 주공아파트 등 배후 아파트가 병풍처럼 둘러싸고 있어
상가 임차의 수요가 많은 편이다. 상가를 볼 때는 그 배후를 봐야
한다.

소 재 지	인천광역시 부평구 삼산동							
				도로명주소검색		오늘조회: 1 2주누적: 1 2주평균: 0	조회동향	
물건종별	근린상가	감 정 가	300,000,000원		구분	입찰기일	최저매각가격	결과
대 지 권	32.38㎡(9.795평)	최 저 가	(49%) 147,000,000원		1차	2012-07-24	300,000,000원	유찰
					2차	2012-08-24	210,000,000원	유찰
건물면적	175.89㎡(53.207평)	보 증 금	(10%) 14,700,000원		3차	2012-09-24	147,000,000원	
매각물건	토지 건물 일괄매각	소 유 자	건설(주)		낙찰 : 210,000,000원 (70%)			
					(입찰5명, 낙찰: 차순위금액 182,500,000원)			
개시결정	2012-02-22	채 무 자	건설(주)		매각결정기일 : 2012.09.28 - 매각허가결정			
					대금지급기한 : 2012.10.30			
사 건 명	강제경매	채 권 자	서광철,중소기업은행		대금납부 2012.10.30 / 배당기일 2012.12.05			
					배당종결 2012.12.05			

입찰 포인트

- 인천 삼산지구 7호선 굴포천역 앞 도보 5분 거리 역세권 상가다.
- 한두 달 후에 굴포천역 개통 시 역세권 상가로 바뀐다.
- 삼산지구 내 상권 규모가 작아 상가 임차 수요대비 공급이 달리는 지역이다.
- 10층 전체를 낙찰받을 경우 100평 이상으로 다목적 용도로 개발하기 좋다.

차분히 상권분석을 해보자.

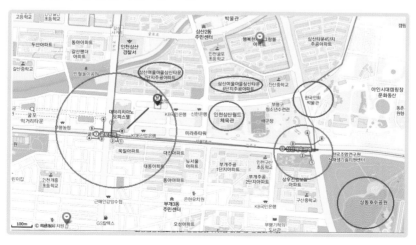

① KB시세분석으로 주공7단지와 주공6단지 아파트의 시세를 검색해본다. 부천 상동 일대 아파트와 가격 차이가 별로 없다. 주변 배후지 아파트에 대비해 삼산지구 내 상가의 수는 작은 편이다. 아파트 주민들을 대상으로 한 학원, 헬스장 등의 수요가 높을 수밖에 없다.

② 7호선 굴포천역과의 거리는 도보로 5분이 안 된다. 좌측에 롯데마트, 우측에 삼산월드체육관이 있다. 수영장, 배드민턴장 등 체육시설과 롯데마트, 병원, 학원 등 아파트 주민들이 좋아할 편의시설이 많다. 롯데마트도 주말에 가보면 손님들로 붐벼 주차장이 꽉 찬다. 인천 부평구에서는 인근 지역 대비 삼산동의 신규 아파트에 대한 수요가 높다.

외곽순환도로 중동IC도 가까워 목동 등 서울 서부권으로 출퇴근 시 30분 내 거리다. 입지상 부천 영상산업단지와 상동호수공원 등 부천의 대규모 공공시설이 사실상 인천 삼산지구 주민들에게 편의가 돌아가고 있는 등 인천 시민들에게는 인기가 많은 동네다.

SubNote 상권분석은 배후지 분석에서 시작된다

상권의 파워는 배후지에서 나온다. 배후지란 상가를 병풍처럼 둘러싸고 있는 배후 지역을 말하는 것으로 주로 고객들이 거주하는 지역이다.

지하철 7호선 굴포천역을 기준으로 갈산동과 삼산동의 상권분석을 해보자.

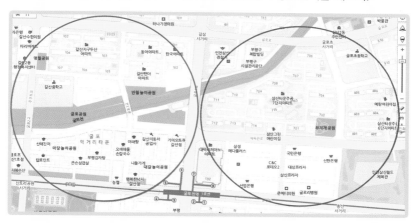

지도에서 굴포천역 왼쪽의 빨간 동그라미는 갈산동이며, 오른쪽 파란 동그라미는 삼산동이다. 좌측 갈산동 상권과 우측 삼산동 상권은 모두 굴포천역에서 도보 5분 거리의 역세권이나, 배후지에서 현격한 차이를 보인다.

첫째, 배후지 파워가 다르다. 갈산동의 배후 지역에 위치한 두산 · 동아 · 한국아파트의 KB시세는 2억 5,000~3억 4,000만 원 수준이다. 반면 삼산동의 주공7차 아파트의 KB시세는 4억 5,000~4억 8,000만 원 수준이다. 아파트시세가 1억~1억 5,000만 원 이상 차이 난다는 얘기는 아파트 주민들의 구매력에서 그만큼 차이 난다는 의미다.

둘째, 갈산동 상권은 굴포천이 가로막고 있어 배후지와 단절돼 있는 반면, 삼산동 상권은 아파트가 병풍처럼 둘러싸고 있고 단절 요인이 없다. 즉 갈산동 상권은 배후 지역의 수혜를 받지 못해 자동차공업사 · 감자탕 등 뜨내기손님 위주의 업종이다. 반면 삼산동은 국민은행 · 신한은행 · 치과병원 등 아파트 주민 대상 업종이 주류다.

같은 역세권이지만 독자 여러분이라면 어떤 지역의 상가를 사겠는가?

이 건물을 낙찰받을 당시만 해도 지하철 7호선이 개통되기 전이라 초역세권은 아니다(낙찰 후 바로 그다음 달에 굴포천역이 개통된다). 7호선 굴포천역에서 도보로 5분 거리 이내며 롯데마트와 주공아파트 사이 상가라 동선상으로 걸어 다니는 유동인구가 많다. 이런 지역에 나온 상가는 절대 놓치면 안 된다.

가만히 권리분석을 해보자. 의문사항이 한두 가지가 아니다. 10층 전체를 대기업인 D사가 전세권을 설정한 후 임차해 쓰고 있다. 1001호, 1002호, 1003호 3개 호실 전체를 쓰고 있어 모두 입찰하려 했으나 더 이상의 현금이 없다(?). 고민 끝에 3개 호수 중 1001호와 1002호 두 개에만 입찰키로 했다.

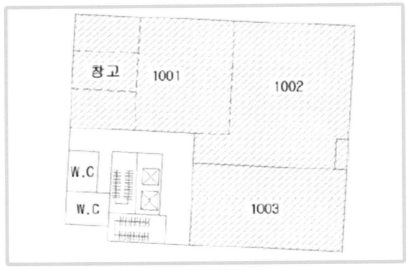

△ 10층 전체 평면도

얼마를 써야 할까? 역세권의 뛰어난 입지인데, 왜 3차까지 유찰됐을까? 어떤 하자가 있는가? 권리분석을 다시 한 번 해보자.

특이하게 2순위로 임차인 D사의 4억 원 전세권이 설정돼 있는데 중소기업은행의 근저당권 사이에 박혀있다. 말소기준등기는 중소기업은행의 8,400만 원 근저당권이다. 1001~1003호까지 낙찰가가 5억 5,000만 원이 넘을 경우 1순위 기업은행 8,400만 원과 일부 경매비용을 제하더라도 2순위인 D사가 전세권 설정액 4억 원을 배당받는 데는 아무 문제가 없다. 즉 필자가 입찰한 1001, 1002호 낙찰가가 합쳐서 4억 원 언저리고 1003호까지 합할 경우 총낙찰금액은 5억 5,000만 원 이상일 것이며, 이 경우 D

사가 전액 배당받는 데 문제가 없다.

문제는 2순위 전세권 설정자인 D사가 배당 신청을 안 할 시 최악의 경우 설정 금액 4억 원을 낙찰자에게 요구할 여지가 있다 (아마 이러한 이유로 뛰어난 입지임에도 불구하고 대다수 입찰자가 주저해 3차 까지 내려온 것 같다).

그러나 D사가 선순위 전세권 4억 원에 대해 배당요구 신청을 했고 채권계산서도 제출했다. 민사집행법상 선순위 전세권자가 배당요구를 할 경우 매각으로 소멸되기에 낙찰자에게 인수되지는 않는다.

SubNote 선순위 전세권과 배당요구 종기일

임차인이 선순위 전세권 설정을 하는 이유는 임대료가 환산보증금 기준 금액을 초과해 상가임대차보호법 적용을 받지 못하기 때문이다. 각 지역별 환산보증금 기준 금액을 초과한 임차인은 근저당권에 앞서 선순위전세권설정등기를 해야 보호받을 수 있다.

경매 절차에서 선순위 전세권을 다시 정리하면
① 선순위 전세권자가 배당요구 종기일까지 배당요구를 하지 않은 경우
   → 배당요구를 하지 않으면 낙찰자가 인수해야 한다.
② 선순위 전세권자가 배당요구 종기일까지 배당요구를 한 경우
   → 경매 절차에서 매각으로 소멸된다.

배당요구 종기일은 권리분석을 할 때 매우 중요하다. 민사집행법 제84조에 따르면 "경매개시 결정에 따른 압류의 효력이 생긴 때는 집행법원은 절차에 필요한 기간을 감안해 배당요구를 할 수 있는 종기를 첫 매각기일 이전으로 정한다"고 돼있다. 임차인들이 배당을 받기 위해서는 이 배당요구 종기일까지 배당요구를 해야 하며, 또한 경락받은 물건에 거주하고 있는 임차인들에 대한 인도명령과 명도소송의 차이점의 기준점이 되기도 한다. 또한 배당요구의 종기일은 채권자와 경락자 등의 이해관계에 커다란 영향을 미치므로 특별한 사정이 없는 한 함부로 연기하지 않는다.

『민사집행법 제91조(인수주의와 잉여주의의 채택 등)』

① 압류채권자의 채권에 우선하는 채권에 관한 부동산의 부담을 매수인에게 인수하게 하거나, 매각대금으로 그 부담을 변제하는데 부족하지 아니하다는 것이 인정된 경우가 아니면 그 부동산을 매각하지 못한다.
② 매각 부동산 위의 모든 저당권은 매각으로 소멸된다.
③ 지상권 · 지역권 · 전세권 및 등기된 임차권은 저당권 · 압류채권 · 가압류채권에 대항할 수 없는 경우에는 매각으로 소멸된다.
④ 제3항의 경우 외의 지상권 · 지역권 · 전세권 및 등기된 임차권은 매수인이 인수한다. 다만, 그중 전세권의 경우에는 전세권자가 제88조에 따라 배당요구를 하면 매각으로 소멸된다.

결론은 선순위 전세권 여부로 상당수 입찰자들이 갈등하고 있겠지만 워낙에 좋은 입지라 이번 회차에는 일부 고수들이 들어올 테니 공격적으로 쓰기로 했다. 또다시 와이프를 법원으로 출장(?) 보냈다.

경매 입찰 전 와이프에게는 두 가지 입찰가를 알려주었다. 플랜 A는 공격적 가격인 70%대, 플랜 B는 보수적 가격인 65%대. 와이프가 먼저 도착해 법원 입찰장 분위기를 전화통화로 알려주면 내가 책상머리에서 여러 분석을 다시 정확히 한 후에 휴대폰으로 입찰가를 보내기로 했다. 권리분석을 최종적으로 다시 한 번 해본 후 문제가 없다는 확신이 들어 공격적 가격인 플랜 A로 문자를 보냈다.

예상대로 1001호, 1002호 둘 다 낙찰받았고 2개 호수를 합할 경우 108평이다. 분양 평수로는 200평 가까이 되는 대형 평수다. 문제는 낙찰 잔금이다. 낙찰 직후 바로 현장에 달려갔다. 잔금을 치르기 전에 혹시나 모를 불상사(?)가 있을지 모르니 다시 한 번 꼼꼼하게 점검해야만 한다. 비타500 한 박스를 사 들고 관리실에 들러 관리소장을 만나보니, 다행히 연체된 관리비는 없다고 했다 (대기업 D사가 임차해있기에 이미 예상한 바다).

관리소장님께 건물과 관련된 이런저런 사항을 충분히 물어본 후에 사무실을 방문해보니 근무하는 직원들만 있고 지사장은 없다. 남자직원에게 낙찰자라며 소개하고 연락처를 남겨놓고 지사장이 돌아올 경우 전화를 부탁했다.

며칠 후 D회사 본사 직원으로부터 전화가 걸려왔다. 본사 재무과장인데 근처에서 만나자고 한다. 건물 인근 커피숍에서 재무과장을 만나보니, 경매·부동산 임대 등 회사 재무와 관련된 제반 업무를 담당한다고 한다. 최대한 빨리 이사할 것을 압박하니 회사 사정상 다른 곳을 알아볼 때까지 최소 2개월은 기다려 달라고 했다(아마도 한두 달 후 배당기일에 전세보증금 4억 원이 전부 배당되는지 최종 확인한 후에 이사하려는 속셈일 것이다). 2개월 정도는 기다려줄 수 있으나 다만 그 기간 동안의 사무실 임차료는 내야 한다고 압박하니 윗선에 바로 보고하겠다고 했다.

명도 대상자가 개인이 아니라 법인일 경우 명도가 비교적 수월하다. 임차인이 개인일 경우 대부분 배당을 받지 못하고 쫓겨나는 상황이라 거액의 이사비 요구 등 명도저항이 심하다. 하지만, 이 건의 경우 임차인이 전세권설정금 4억 원 전부를 배당받기에 손해가 없고 대기업이기에 부당이득에 따른 임차료를 받는 데도 문제가 없을 것이다.

집에 돌아와 곰곰이 생각해보니, 재무과장은 어디까지나 실무자다. 결국, 결정자는 회사 임원이나 사장일 테니 나의 요구사항을 정식으로 보다 명확히 전달하는 게 낫다는 판단이 들어 공문 형식으로 정중하게 내용증명을 보냈다. 이때의 내용증명은 일반 임차인을 대상으로 한 협박용이 아니라 가급적 공손한 필체로 자초지종을 친절하게 설명해야 한다. '경매 낙찰자가 잔금을 납부해 소유권을 가져오는 순간부터 감정가의 0.5% 상당의 임차료가 발생하며, 이는 부당이득반환 청구소송으로 다 받아낼 수도 있으니 이사 전에 납부해주시면 감사하겠다'는 내용이다.

이러한 내용증명을 보내면 모두가 편하다. 협상 대상자인 D사 재무과장으로서도 낙찰자가 강력히 임차료를 압박하고 있는 상황임을 윗선에 따로 보고할 필요가 없다. 혹시나 몰라서 D사 본사와 지사 주소로 2통을 보냈다. 며칠 후에 재무과장으로부터 바로 만나자는 연락이 왔다. 본인이 윗선에 보고하니 낙찰자에게 잔금 후 임차료를 내는데 OK 했으며, 두 달 후 이사하기로 했다. 배당에서 전세보증금을 받을 수 있도록 명도확인서와 이행합의서를 작성해준다. 예상대로 두 달 후 D사는 대기업답게 필자에게 주기로 한 임차료를 지불하고 약속된 날짜에 정확히 이사했다.

《손자병법》에도 나와 있듯이 "지피지기면 백전불태(知彼知己 百戰不殆, 적을 알고 나를 알면 백번 싸워도 위태로움이 없다)"다.

상가 경매에서는 반드시 먼저 상대편의 정황을 꿰고 있어야 한다.

• 임차인이 배당금을 전액 받는 상황인가? 아니면 일부만 받는가?
• 배당금을 한 푼도 못 받고 전액 몰수되는 임차인인가? 등등.

필자는 대개 낙찰 후 명도 협상 시 상대방의 정보를 머릿속에 줄줄이 꿰고 나온다. 법원 사건기록 열람을 통해 상대방의 고향과 살아온 곳, 인물, 성향 등등. 때로는 너무 심하게 분석을 했더니 상대방이 당황한 나머지 경매법원의 담당계장에게 수차례 찾아와 개인정보를 누출했다며 심하게 닦달한 적도 있다. 어쩌랴! 나는 민사집행법에 나온 법의 테두리 내에서 최대한 상대방 정보를 습득했을 뿐인데…….

명도확인서

사건번호: 2○○○타경○○○○○
이름: ○○○(주)
주소: 인천 ○○○ ○○○ ○○○

위 사건에서 위 임차인은 임차보증금에 따른 배당금을 받기 위해 매수인에게 목적부동산을 명도하였음을 확인합니다.

첨부 서류: 매수인 명도확인용 인감증명서 1통

○○○○년 ○○월 ○○일
매수인 전병수 (인)
연락처(☎) ○○○-○○○○-○○○○

인천지방법원 부천지원 귀중

이 건물의 명도는 국내 굴지의 대기업인지라 애초 예상대로 미납된 관리비도 일절 없고, 임차료도 받고 이상적으로 끝났다. 이제 관건은 이 건물의 활용 여부다.

①임차 ②소호 사무실 리모델링 ③매도 등 3가지 플랜을 세우고 인근 중개업소에 물건을 내놓으니 매수자가 바로 나타났다. 이분은 실평수 100평 이상의 요양원 자리를 알아보고 있는데 이런 물건을 기다리고 있었다고 한다. 1001호부터 1003호까지 합하면 실평수 150평에 달한다. 이 건물도 내 손아귀에 들어왔다가 개발 자금 부족으로 약간의 차익만 남기고 바로 팔았다.

인연이 아니면 미련 없이 버려야 한다. 당시에는 경제 상황이 악화되면 애물단지가 될 우려도 있다고 봤다. 모든 걸 던지지 않으면 아무것도 이룰 수 없다. 실전 투자자라면 털 수 있을 때 냉정하게 모든 걸 털고 가야 한다. 그래야 새로운 길로 나아갈 수 있다.

명도에
연연할 필요는 없다

지금 내가 죄인이 돼 너희들에게 아직은

시골에서 숨어서 살게 하고 있지만, 앞으로 계획인즉

오직 서울로부터 10리 안에서만 살게 하겠다.

만약 집안의 힘이 쇠락하여 서울 한복판으로 깊이 들어갈 수 없다면,

잠시 서울근교에 살면서 과일과 채소를 심어 생활을 유지하다가

재산이 조금 불어나면 다시 도시 복판으로 들어가도 늦지 않다.

– 다산 정약용, 강진 유배지에서 아들에게 보내는 편지 –

고양시 행신역 앞에 내가 좋아하는 역세권 상가가 경매로 나
왔다. 건물을 신축한 건축주의 부도로 10여 개의 물건이 한꺼번에
나왔다. 보통 때라면 경매로 나오기 쉽지 않은 물건이다.

먼저 시가분석을 해보자. 감정가가 3억 5,000만 원이다. 3차까지 유찰돼 있다. 70% 언저리에만 받는다면 100% 감정가 근처에 매도할 시 약 1억 원의 매매차익도 기대할 수 있다. 감정평가서상 건물가가 2억 4,500만 원이고 토지가가 9,500만 원이다. 만약 2억 5,000만 원 언저리에만 받는다면 건물값밖에 안 된다. 토짓값은 덤이다.

임차인 분석을 해보자. 실평수 57평 사무실에 M사가 임차 중이다. M사의 법인등기부등본을 떼본다. 매년 영업을 잘하고 있는 알찬 법인이다. 업종도 내가 좋아하는 제약업종이다. 예로부터 인간의 목숨과 연관된 약장사는 잘 망하지 않는 법이다. 보증금 2,000만 원/월세 100만 원 조건으로 임차 중이다. 월세가 사무실 규모나 입지 대비 다소 박한 편이다. 나중에 조금 더 올려야겠다.

입지분석을 해보자. 입지분석은 단순히 정태적 분석만 해서는 안 된다. 건물에서 도보로 이동 시 전철역과 얼마나 떨어져 있는가? 전철역이 서울 중심권과 몇 정거장인지, 증차계획은 없는가? 등 동태적 분석을 함께해야 한다.

다음 지도를 살펴보자.

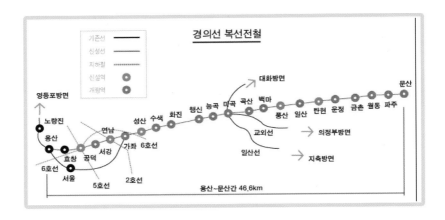

경의선 행신에서 용산까지 9개 정거장밖에 되지 않는다. 출근 거리 30분 미만이다. 입지상 웬만한 서울 외곽보다 더 낫다. 더구나 행신역은 전국 어디나 갈 수 있는 KTX 종점역이다. 2011년 당시는 세종시가 이전 중에 있어 향후 KTX역을 이용하는 공무원들 수요가 더 많아질 것으로 예측했다(얼마 후 실제로 행신역 근처 모 아파트를 낙찰받아 보니 임차인이 세종시 공무원이었다).

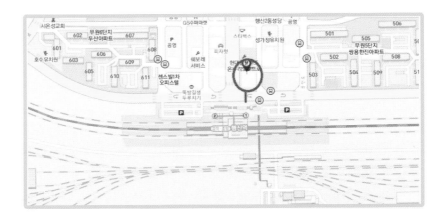

보다 큰 지도를 보자. 정약용 선생님이 아들에게 전한 유언에서도 밝혔듯이 서울 중심에서 가급적 10리를 벗어나지 말아야 한다. 필자는 투자 시 제2외곽순환도로 언저리(파주, 안산, 인천 구도심 등)는 잘 투자하지 않는 편이다. 80% 이상의 대출을 써서 베팅하는 레버리지 상가 경매 투자자 입장에서는 늘 환금성을 고려해야 한다. 경매 물건은 제1외곽순환도로 안쪽 내외가 좋다.

제1외곽순환도로와 접한 판교, 하남, 평촌, 산본, 시흥, 중·상동, 일산, 김포 등이 필자의 주요 투자 바운더리다. 파주는 3~4년 후 들어가면 좋을 것 같다. GTX 개통 시 접근성이 확실히 좋아지기 때문이다.

이 물건은 입지나 가격 모두 매우 좋은데 일부 경매 정보지에 소액의 유치권이 신고된 것으로 나와 있어 3차 입찰가까지 내려가 있었다. 당시만 해도 상가 경매 시 3차까지 내려가는 경우가 비일비재했기에 그리 이상할 정도는 아니다.

지도를 보면 행신역이 서울 중심인 용산이나 서울역과 얼마나 가까이 있는지 알 수 있다. 필자가 입찰할 당시 행신역은 용산이나 서울역까지 개통되기 전 단계였다. 2012년 12월 상암 DMC역까지 개통 이후 용산역까지 순차적으로 확장 개통된다. 남들의 관심이 적을 때 마구 잡아야 한다. 이후 경의선 출퇴근 노선이 많아지고 상권이 활성화돼 수요가 많아지는 시점이 매도 시기다. 행신역은 필자가 보기에 아직 예상만큼 활성화되지 않았다. 소사원시선과 대곡역이 연결되는 시점 또는 GTX 대곡역이 개통되는 시점에 폭발력을 갖게 될 것 같다.

입찰가를 고민해본다. 3차까지 왜 떨어졌을까? 얼마가 적절할까? 일부 경매 정보지를 살펴보니 유치권이 신고돼 있다. 그러나 대법원 경매 홈페이지나 매각물건명세서 등에는 유치권 얘기가 없다. 경매 정보지의 오기인가? 지은 지 10년 된 건물인데 유치권이 있을 여지가 없다. 역시 수차례 썼던 방법대로 남들이 3차 가격에 집착할 때 2차 가격을 쓴다. 그래도 혹시 모를 고수에 대비해 71%를 약간 넘겨본다.

5층 구조도를 살펴보자.

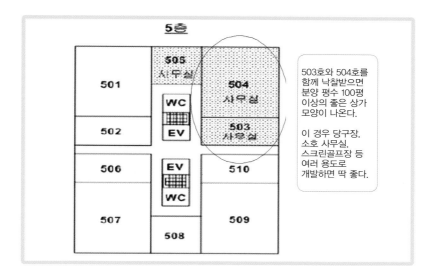

504호와 503호를 함께 받으면 좋을 것 같다. 그러나 아뿔싸 503호를 누군가 2차에 받아 갔다. 직장에 다니다 보니 늘 관심을 두고 있어도 경매지 검색을 조금이라도 소홀히 하면 놓치기에 십상이다. 그나마 3차까지 떨어진 지금에서라도 물건을 봐서 다행이다. 503호는 포기하고 대신에 504호와 505호를 함께 받아 후에 다른 용도로 개발할 경우 통상가로 쓰기에 좋을 것 같다. 모양은 503호와 504호를 연결하면 더 좋겠지만 505호를 연결해도 고시원이나 소호 사무실, 스크린골프장, 요양원 등으로 개발할 수있다. 505호는 별로 모양이 안 좋으니 70%보다 약간 낮은 69%에 쓴다.

필자의 예상대로 두 건 다 잡혔다. 당시만 해도 상가 경매의 인기가 일반인들에게 그리 높지 않아 분석한 대로 2등과 큰 차이 없이 낙찰됐다. 그러나 어느 순간부터 NPL 투자와 상가 경매의 인기가 올라서인지 도무지 낙찰되지 않는다. 100%대 고가 낙찰이 난무한다!

낙찰받자마자 와이프와 현장에 갔다. 사전에 입을 맞추고 '굿 캅, 배드 캅(Good Cop, Bad Cop)' 전략대로 밀고 나갔다. 나는 강하게 압박해 나가고, 와이프는 부드럽게 조율하고.

M사 대표를 찾으니 온화한 인상의 50대 남자분이다. 이런저런 얘기를 나눠보니, 자신도 입찰에 참여했는데, 입찰가를 너무 높게 쓰지 않았느냐고 한다. 임차인이 입찰에 참여했다는 얘기는 본 사무실에 미련이 있다는 얘기다. 상대방의 마음을 읽어야 한다.

협상 전에 관리사무실에 들러 미납관리비를 확인해보니 3개월 치가 밀려있다. 건실한 회사인데 관리비를 연체할 이유가 없을 것 같아 자초지종을 들어보니, 주변에 경매를 잘 아는 사람이 코치한 것 같다. 퇴거 등 최악의 경우에 대비해 관리비를 미납한 것 같다.

임차인을 보니 인상도 좋고 회사도 건실하고, 잘 만하면 좋은 인연이 될 것 같다. 경매 당한 임차인과 꼭 악연이 될 필요는 없다. "보증금 손해가 있어 다소 씁쓸하시겠지만 지난 1년간 전 주인에게 월세를 안 냈으니 그만큼 손해를 최소화하지 않았습니까."

조심스럽게 물으며, 재계약 의사를 타진했다. 단 이전 월세가 시세 대비 너무 저렴하니 120만 원으로 올려주는 조건으로(아니면 다른 임차인을 받아야 한다)!

함께 낙찰받은 505호도 연이어 방문했다. 젊은 두 친구가 방 전체에 짐을 쌓아놓고 있다(악, 강제집행하려면 짐이 장난 아니겠다!). 이럴 때는 명도보다 재임차를 주는 게 낫다. 보증금 1,000만 원/월세 60만 원 조건인데 조금 올려서 보증금 2,000만 원/70만 원 조건으로 재임차 여부를 타진했다. 낙찰가 1억 원이 약간 안 되게 받았으니 80% 경락잔금을 대출받아 실제 투입금은 2,000만 원 정도 들어갔다. 내 계획대로 보증금을 올려 받으면 투자원금은 0원이 된다.

결국, 504호, 505호 모두 필자의 제의를 흔쾌히 받아들였다. 미납한 관리비도 본인들이 알아서 다 정산했다. 투입된 비용은 등기비 5% 정도, 잔금 치르자마자 보증금으로 투자원금 대부분을 회수했고, 월세 190만 원이 바로 통장에 들어왔다. 대출이자를 빼고도 매월 100만 원은 남는 장사다. 등기비 등 투입원금은 거의 없다. 두 건 합쳐서 500만 원 정도, 그런데 연소득은 매년 1,000만 원 이상씩 들어오는 구조다.

그 후 504호는 약 3년간 임차한 후에 다른 곳으로 이사했다. 월세 효율을 보다 더 높이기 위해 약간의 인테리어를 더해 504호를 3개의 사무실로 쪼갠 후 재임차를 놓으니 월세가 70만 원 더 늘어났다. 505호와 합쳐 월 260만 원 임차료가 꾸준히 들어온다.

투자원금 500만 원은 이미 회수한 지 오래다. 예상대로 부동산 중개업소에 내놓으니 504호, 505호 합쳐 4억 5,000만 원에 팔라는 전화가 바로 온다.

필자가 504호를 낙찰받을 무렵 약간 작은 501호를 낙찰받은 사장님이 있었다. 중개업소에 물어보니 501호를 3억 3,000만 원에 팔았다고 하니 504호만으로도 차익 1억 원 이상이 발생했음을 유추해볼 수 있다.

대곡역이 개발돼 소사원시선과 연결돼 행신역 상권이 조금 더 커지면 내놓을 작정이다. 실투자금 500만 원 투입해 현재 예상매매 차익은 1억 원 정도다. 지난 5년간 꼬박꼬박 월세를 받았으니 투자수익률은 3,000% 정도. 역세권 상가는 팔아야 할 이유가 없다.

SubNote 임대수익을 높이려면 상가를 분할하라

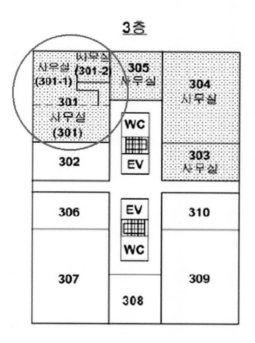

3층

이 건물 3층 301호와 5층 501호는 실평수 50평 정도나 도면처럼 3개 호수로 분할해 임대를 주고 있다. 이처럼 상가분할을 통해 임대를 줄 경우 월세 수입도 훨씬 높아지고 상가 매도 시 훨씬 비싼 가격에 팔 수 있다.

부동산 중개업소를 통해 알아보니 5층 501호는 2억 3,000만 원 정도에 낙찰받아 3개 호수로 분할 임대 후 3억 3,000만 원 정도에 매도한 것으로 유추되니 월세 수익뿐만 아니라 매도차익도 쏠쏠한 것으로 안다.

SubNote 명도협상 잘하는 비법

1. 사전에 충분히 준비하라! 상대방이 공세를 취할 것으로 예상되는 나의 약점들에 대해 예상 답변자료를 만들어 충분히 대비하라.

2. 협상장에는 반드시 두 명이 가라! 한 명은 차분하게 대화를 주도하고, 다른 한 명은 휴대폰 녹취 버튼을 이용해 대화를 녹취하며 중간중간 유리한 방향으로 유도신문을 한다.

3. '굿 캅, 배드 캅(Good Cop, Bad Cop)' 전략을 취하라! 두 명 중 한 명은 'Bad Cop' 역할을 맡아 공세적으로 대화하면서 대화를 주도하고, 나머지 한 명은 'Good Cop' 역할을 맡아 고성 등이 오갈 때 분위기를 누그러뜨리는 역할을 한다.

4. 대화 중간중간에 상대방의 마음을 읽어라! 예를 들어, 상대가 이사비로 300만 원을 요구하더라도 실제 속으로 기대하는 금액이 있다. 대화의 강약을 조절하며 상대방의 마음을 떠보며 접점을 찾아라!

5. 한 번에 OK 하지 않기! 상대방이 제시하는 조건이 아무리 마음에 들어도 바로 답하지 말고 집에 돌아가서 검토한 후에 답변을 주겠다고 하라.

체납관리비의 역습

1천 일의 연습을 '단(鍛)'이라 하고

1만 일의 연습을 '연(鍊)'이라 한다.

1천 일, 1만 일 동안 수련을 거듭하면

반드시 필승의 경지에 도달할 수 있다.

— 미야모토 무사시 —

소 재 지	경기도 고양시 일산서구 탄현동							

소 재 지	경기도 고양시 일산서구 탄현동			도로명주소검색				
물건종별	근린상가	감 정 가	410,000,000원	오늘조회: 1 2주누적: 2 2주평균: 0 조회동향				
				구분	입찰기일	최저매각가격	결과	
대 지 권	76.86㎡(23.25평)	최 저 가	(34%) 140,630,000원	1차	2010-12-15	410,000,000원	유찰	
				2차	2011-01-12	287,000,000원	유찰	
				3차	2011-02-09	200,900,000원	유찰	
건물면적	277.66㎡(83.992평)	보 증 금	(10%) 14,070,000원	**4차**	**2011-03-09**	**140,630,000원**		
				낙찰 : 238,600,000원 (58.2%)				
매각물건	토지 건물 일괄매각	소 유 자	이○○	(입찰24명,낙찰: 차순위금액 213,000,000원)				
개시결정	2010-08-24	채 무 자	이○○	매각결정기일 : 2011.03.16 - 매각허가결정				
				대금지급기한 : 2011.04.27				
사 건 명	임의경매	채 권 자	신한은행	대금납부 2011.04.27 / 배당기일 2011.05.31				
				배당종결 2011.05.31				

이 물건은 경의선 탄현역에서 그리 멀지 않은 도보 5분 거리의 역세권 상가다. 당시 두산 위브더제니스 주상복합아파트가 건설 중이었기에 주상복합 완공 후 인근 상권이 활기를 띨 것으로 예상했고 학원을 잘만 운영한다면 수강생 확보는 문제없을 것으로 봤다. 1~2년 후에 필자가 퇴직 후 와이프와 영어학원을 운영할 생각으로 낙찰받았다.

분양 평수 150여 평의 통 상가로 일산 탄현역에서 도보로 5분 정도 거리에 위치해 있다. 사실 당시 일산은 내 직장에서 거리가 멀었기에 별로 관심을 두지는 않았지만, 실평수 대비해 가격이 많이 저렴했고 특히 4차까지 떨어져 있었기에 별다른 부담 없이 입찰에 참가했다.

입찰 현장에는 와이프를 파견했다. 입찰가는 경매 정보지에 나와 있는 예상 입찰가나 클릭 수 및 4차까지 저감돼 있는 점 등을 고려해볼 때 20여 명 이상의 입찰자들이 달려들 것으로 보였기에 4차 가격을 훌쩍 넘겨 3차 가격 중반에 쓰기로 했다. 실평수 85평의 통 상가 낙찰가가 2억 원대 초반이라면 너무나 저렴(?)해 보였기 때문에 3차 가격을 훨씬 넘긴 가격으로 응찰해 24명의 경쟁자를 물리치고 낙찰받았다.

그런데 낙찰을 받자마자 와이프가 걱정스러운 목소리로 전화했다. 법원 입찰장에서 낙찰 직후 경매 컨설턴트라는 사람이 다가와서는 "미납관리비를 제대로 확인했냐?"고 묻더란다. 이 물건이 4차까지 떨어진 이유는 천문학적인(?) 거액의 연체관리비 때문이며 "관리소에 직접 확인해보니 8,000만 원 이상 밀려있다. 만약 해결에 자신이 없으면 내가 50%로 줄여줄 테니 경매 컨설팅을 맡겨달라"고 하더란다.

만약 이 말이 사실이라면 최악의 경우 입찰보증금 포기까지 각오해야 한다. 거리가 멀어 사전 임장조사를 철저히 안 한 것이 실수였다. 당시 직장 일이 바빠 평일 날 시간을 내기가 어려워 주말에 와이프와 함께 현장 임장을 가서 건물 외관만 둘러봤을 뿐 관리비 연체를 제대로 점검하기 어려웠다. 주변 상가에 들러 이것저것 탐문해보니 건물이 비어있는 것 같아 명도하는 데는 별다른 어려움이 없을 것 같아 편한 마음으로 입찰했는데 사고가 터진 것이다.

결국, 그다음 주 직장에 연차를 낸 후 현장에 다시 가서 1층에 있는 편의점 사장에게 이것저것 물어보니 학원 운영을 하다 폐업한 지 오래됐고 아무도 없는 것 같다는 얘기를 듣게 됐다. 문제는 관리비였다. 건물관리소에서 자초지종을 확인해보니, 정말로 8,000만 원이 연체된 고지서를 발급해주었다. 4차까지 떨어진 이유가 있었다.

명도는 쉽게 해결됐다. 관리소장으로부터 학원이 폐업된 지 오래됐고 지금은 아무도 살지 않는다는 말을 듣고 상가 내부로 들어가 봤다. 열쇠를 건물관리소에서 관리하고 있었기에 관리소장 입회하에 물건목록을 하나씩 모두 작성하고 사진촬영을 해두었다. 사실 대부분 쓰레기라 작성할 물건목록도 그리 많지 않았다.

물건목록 작성 시에는 반드시 사진이나 동영상으로 건물 곳곳을 촬영해두어야 한다. 혹시나 모를 뒤탈(?)에 대비하기 위해서다.

필자는 건물명도 시 정황적 판단을 매우 중시한다. 인도명령이나 명도소송 등 법적 절차대로 진행할 경우 하염없이 흘러가는 시간과 대출비용 등 손해가 이만저만이 아니다. 이 건물과 같이 이전 소유자가 잠적해버린 사실이 확실할 경우에는 성인 2인 입회하에 열쇠공을 불러 문을 따거나 관리소장을 대동해 개문 절차를 밟아도 무방하다. 설령 전 주인이 다시 나타나서 자기 물건을 돌려달라고 해도 먼저 연체된 관리비를 정산할 것을 요구하면 될 일이다.

문제는 관리비다. 관리사무소로부터 연체관리비 고지서와 내역 일체를 뽑아달라고 한 후 집에 가서 꼼꼼히 분석했다. 내역을 살펴보니 정말 8,000여만 원 이상이 밀려있었다. 10년 동안 밀린 것이었다. 미납관리비는 대법원 판례상 3년 치 공유부분만 내도록 돼있다.

이 상가는 근 10년 동안 방치돼 있었던 것이다. 10년간 8,000만 원이니 3년 치는 약 2,500만 원 언저리. 그중에 연체료를 뺀 공유분만 계산하면 낙찰자가 부담해야 할 미납관리비는 훨씬 더 적을 것이다.

충분한 분석이 끝난 후 와이프와 함께 건물관리소를 방문해 관리소소장을 만나 미납관리비 협상을 시작했다. 관리소장은 자기네가 건물관리비로 가압류 소송까지 진행해 시효 중단의 효력이 있는 만큼 10년 치 관리비를 전부 다 내야 한다고 으름장을 놓는다. 예상했던 답변이었다. 그래서 관리소장에게 '건물관리소가 관리비 문제로 가압류 소송을 했으면, 본안 소송까지 했는가? 단순히 시효 중단만을 염두에 두고 일부러 가압류만 걸어둔 게 아닌가? 만약 관리소가 본안 소송을 하지 않았다면 일정 기간 경과 후 시효 중단될 것이며, 이 경우 관리비 채권은 3년의 소멸시효에 걸린다'라는 요지로 공세를 취하니 관리소장은 아무 답변을 못 했다.

관리소장에게 미리 준비한 대법원 판례와 관련 법규를 내밀고는 '10년간이나 관리비를 연체하도록 방임한 것은 관리소의 선관주의 위반이 아닌가? 2003년 대법원 판례 등에 비춰보면 경매 절차 시 낙찰자는 미납관리비의 3년 치 공유분만 내도록 돼있고 연체료 및 전기료·수도료 등의 공과금은 낙찰자 부담이 아니다'며 조목조목 따졌더니 아무 답변을 못 하고 언성만 높이기 시작한다.

나중에는 '아들뻘 사람이 말을 함부로 한다'는 둥 한참 빗나간 얘기를 하며 핏대를 올리기 시작한다. 옆에서 와이프가 부드러운 말로 중재에 나섰다. 앞에서도 언급했듯이 'Good Cop, Bad Cop' 협상 전략이다. 결국, 건물관리소와 몇 차례 공방 끝에 10년간의 미납관리비 중 연체료·전용분, 전기세·수도세(공과금은 낙찰자 부담이 아님) 등을 모두 공제하니 1,300만 원 정도로 확 줄어들었다.

이 건물은 와이프 이름으로 영어학원 사업자를 내고 3,000만 원 정도 들여 내부 인테리어를 다시 한 후에 학원으로 운영했다. 실평수 85평이나 공용구간까지 합해 100평으로 학원이 너무 넓어 애들이 롤러스케이트를 타고 돌아다닐 지경이었다.

△ 내부 인테리어 후에 학원으로 운영한 낙찰 물건

　이후 영어학원은 임대료 부담은 없고 대출이자만 내면 됐기에 운영에는 그리 문제가 없었다. 다만 영어학원 사업이 차량 운행에 수강생 모집까지 매번 도전을 요하는 사업이었다. 결국, 4년 정도 경과 후 동네 부동산 중개업소에 내놓았더니 노인요양사업을 하는 분이 바로 채갔다.

　경매로 싸게 낙찰받았기에 인테리어 등 비용을 빼더라도 몇천만 원 수익이 났고 우리 애들도 영어 강사들로부터 집중 트레이닝을 받아 영어의 기본 베이스는 갖추었기에 별다른 미련이 없었다. 보통 50대 베이비부머들이 은퇴한 후에 남의 가게에 비싼 돈 주고 인테리어하고 장사가 안돼 쫓겨나게 되면 퇴직금 몇억 원은 금방 날리게 된다.

경매를 활용해 사업하면 장점이 많다.

첫째. 기존 시설에 약간의 자본만 투여해 리모델링해서 운영할 수 있다.

둘째. 낙찰가의 80% 정도까지 경락잔금대출을 받을 경우 최소한의 자본만으로도 학원사업을 시작할 수 있다.

셋째. 3~4년간 사업을 하다가 양도세 부담이 덜한 적정한 시점에 부동산 중개업소에 내놓으면 쏠쏠한 매도차익까지 거둘 수 있다.

미국의 프랜차이즈업체인 맥도날드가 돈을 버는 비결은 부동산에 있다. 사거리 코너 등 상권의 중심지로 바뀔만한 곳에 매장을 세운 후 상권이 활성화돼 부동산 가격이 급등하면 좋은 가격으로 매도해 그간의 사업소득과 부동산 차익으로 점점 더 수익이 커지는 것이다.

상가 경매로 비즈니스하면 자본금이 적게 들어가고 죽은 상가를 살릴 능력만 된다면 충분한 수익을 거둘 확률이 높다. 최악의 경우, 비즈니스에는 실패해도 부동산 매도차익으로 수익을 거둘 수 있다.

SubNote 건물관리소와 협상하는 방법

첫째 월별 체납관리비 내역과 관리규약을 받아둘 것. 특히 이전 주인의 관리비 입금 통장 내역을 받아두면 더 효과적이다.

둘째 선관주의 의무를 다했는지 다그쳐라! 즉 통상적으로 관리규약에 나와 있는 체납관리비의 대응 방법인 '독촉장 발부 → 최고장 → 단전·단수조치' 등을 적절히 했는지, 관리소의 업무과실 및 업무소홀이 없는지 등을 압박해라.

셋째 관리소장의 업무 소홀 책임을 물어라! 업무 소홀에 대해 관리소장과 건물관리업체가 연대해 책임이 있음을 알려주고 관리사무소의 비싼 일반관리비 등 업무 방만 사항을 추궁해라.

넷째 입주를 방해할 경우 업무방해로 형사고소 됨을 알려라! 관리소의 단전·단수는 업무방해죄로 형사고소 되고 이러한 관리소의 불법행위 기간 중에 낙찰자는 관리비를 납부하지 않아도 됨을 상기시켜라.

체납관리비 대처 방법 숙독하기

1) 밀린 관리비 부담은?

⑴ 1차 대법원 판결-공용부분은 매수인 부담

- 전유부분: 전기료, 수도료, 하수도료, 난방비, TV 수신료 등
- 공용부분: 청소비, 오물수거비, 소독비, 승강기유지비, 공용난방비, 수선유지비, 일반관리비, 장부기장료, 위탁수수료, 화재보험료 등

대법원 2001.09.20. 선고 2001다8677 전원합의체 판결
[채무부존재 확인]

【판시사항】
아파트의 전 입주자가 체납한 관리비가 아파트 관리규약의 정함에 따라 그 특별승계인에게 승계되는지 여부(=공용부분에 한하여 승계)

【판결요지】
[다수의견] 아파트의 관리규약에서 체납관리비 채권 전체에 대하여 입주자의 지위를 승계한 자에 대하여도 행사할 수 있도록 규정하고 있다 하더라도, '관리규약이 구분소유자 이외의 자의 권리를 해하지 못한다'고 규정하고 있는 집합건물의 소유 및 관리에 관한 법률(이하 '집합건물법'이라 한다) 제28조 제3항에 비추어 볼 때, 관리규약으로 前입주자의 체납관리비를 양수인에게 승계시키도록 하는 것은 입주자 이외의 자들과 사이의 권리·의무에 관련된 사항으로서 입주자들의 자치규범인 관리규약 제정의 한계를 벗어나는 것이고, 개인의 기본권을 침해하는 사항은 법률로 특별히 정하지 않는 한 사적 자치의 원칙에 반한다는 점 등을 고려하면, 특별승계인이 그 관리규약을 명시적, 묵시적으로 승인하지 않는 이상 그 효력이 없다고 할 것이며, 집합건물법 제42조 제1항 및 공동주택관리령 제9조 제4항의 각 규정은 공동 주택의 입주자들이 공동주택의 관리·사용 등의 사항에 관하여 관리규약으로 정한 내용은 그것이 승계 이전에 제정된 것이라고 하더라도 승계인에 대하여 효력이 있다는 뜻으로서, 관리비와 관련하여서는 승계인도 입주자로서 관리규약에 따른 관리비를 납부하여야 한다는 의미일 뿐, 그 규정으로 인하여 승계인이 전 입주자의 체납관리비까지 승계하게 되는 것으로 해석할 수는 없다. 다만, 집합건물의 공용부분은 전체 공유자의 이익에 공여하는 것이어서 공동으로 유지·관리해야 하고 그에 대한 적정한 유지·관리를 도모하기 위하여는 소요되는 경비에 대한 공유자 간의 채권은 이를 특히 보장할 필요가 있어 공유자의 특별승계인에게 그 승계 의사의 유무에 관계없이 청구할 수 있도록 집합건물법 제18조에서 특별규정을 두고 있는바, 위 관리규약 중 공용부분 관리비에 관한 부분은 위 규정에 터잡은 것으로서 유효하다고 할 것이므로, 아파트의 특별 승계인은 전 입주자의 체납관리비 중 공용부분에 관하여는 이를 승계하여야 한다고 봄이 타당하다.

※ 2001년 9월 22일 대법원 전원합의체 판결은 아파트의 관리비를 전유부분과 공용부분으로 나누고 전유부분은 입주자대표회의가 공용부분은 매수인이 부담하도록 했다.

(2) 2차 대법원 판결-공용부분 원금만 부담

- 2001년 9월 1차 대법원 판결은 매수인이 전액 부담하던 밀린 관리비를 전유부분과 공용부분으로 나눠 매수인 부담을 반감시켰다는 점에서 의미가 있었다.
- 그러나 공용부분에 딸려있는 연체료가 쟁점으로 부상했다. 연체 기간이 1년을 넘으면 이자율이 20%를 넘어 몇 년 묵은 물건은 배보다 배꼽이 더 큰 경우가 적지 않았기 때문이다. 그러나 2006년 2차 판결은 공용부분 연체료는 매수인이 인수하지 않아도 된다는 점을 분명히 했다.

(3) 3년 이내 공용부분 부담

- 관리비 채권은 소멸시효가 3년이다. 따라서 매수인은 매각대금 납부 시점에서 3년이 지난 관리비는 내지 않아도 된다. 단, 밀린 관리비를 이유로 가압류를 하지 않은 경우다.
- 가압류는 시효 중단의 효력이 있다. 일부 관리사무소는 다목적 카드로 사용하기 위해 가압류를 해놓은 경우도 있다.

(4) 공용부분은 얼마나 될까?

- 전체 관리비 중 전유부분이 60~70% 내외고 공용부분은 30~40%를 차지한다.
- 밀린 관리비가 100만 원이라고 할 경우, 그중에 약 30만 원 내외는 매수인이 부담해야 한다.

• 세대수가 300세대 미만인 경우 관리비 중 공용부분의 비중이 약 60~70%로 높아진다. 관리비 항목 중에서 비중이 상대적으로 높은 일반관리비(인건비) 때문이다.

대법원 2006.06.29. 선고 2004다3598.3604 판결
[채무부존재 확인 등]

【판시사항】
[1] 집합건물의 소유 및 관리에 관한 법률 제18조의 입법 취지 및 전(前) 구분소유자의 특별승계인에게 전 구분소유자의 체납관리비를 승계하도록 한 관리규약의 효력(=공용부분 관리에 한하여 유효)

[2] 집합건물의 전(前) 구분소유자의 특정승계인에게 승계되는 공용부분 관리비의 범위 및 공용부분 관리비에 대한 연체료가 특별승계인에게 승계되는 공용부분 관리비에 포함되는지 여부(소극)

[3] 상가건물의 관리 규약상 관리비 중 일반관리비, 장부기장료, 위탁수수료, 화재보험료, 청소비, 수선유지비 등이 전(前) 구분소유자의 특별승계인에게 승계되는 공용부분 관리비에 포함된다고 한 사례

[4] 집합건물의 관리단이 전(前) 구분소유자의 특별승계인에게 특별승계인이 승계한 공용부분 관리비 등 전 구분소유자가 체납한 관리비의 징수를 위해 단전·단수 등의 조치를 취한 사안에서, 관리단의 위 사용방해행위가 불법행위를 구성한다고 한 사례

[5] 집합건물의 관리단 등 관리주체의 불법적인 사용방해행위로 인하여 건물의 구분소유자가 그 건물을 사용·수익하지 못한 경우, 구분소유자가 그 기간 동안 발생한 관리비 채무를 부담하는지 여부(소극)

【판결요지】
[1] 집합건물의 소유 및 관리에 관한 법률 제18조에서는 공유자가 공용부분에 관하여 다른 공유자에 대하여 가지는 채권은 그 특별승계인에 대하여도 행사할 수 있다고 규정하고 있는데, 이는 집합건물의 공용부분은 전체 공유자의 이익에 공여하는 것이어서 공동으로 유지·관리돼야 하고 그에 대한 적정한 유지·관리를 도모하기 위하여는 소요되는 경비에 대한 공유자 간의 채권은 이를 특히 보장할 필요가 있어 공유자의 특별승계인에게 그 승계 의사

의 유무에 관계없이 청구할 수 있도록 하기 위하여 특별규정을 둔 것이므로, 전(前) 구분소유자의 특별승계인에게 전 구분소유자의 체납관리비를 승계하도록 한 관리규약 중 공용부분 관리비에 관한 부분은 위와 같은 규정에 터잡은 것으로 유효하다.

[2] 집합건물의 전(前) 구분소유자의 특정승계인에게 승계되는 공용부분 관리비에는 집합건물의 공용부분 그 자체의 직접적인 유지·관리를 위하여 지출되는 비용뿐만 아니라, 전유부분을 포함한 집합건물 전체의 유지·관리를 위해 지출되는 비용 가운데에서도 입주자 전체의 공동의 이익을 위하여 집합건물을 통일적으로 유지·관리해야 할 필요가 있어 이를 일률적으로 지출하지 않으면 안 되는 성격의 비용은 그것이 입주자 각자의 개별적인 이익을 위하여 현실적·구체적으로 귀속되는 부분에 사용되는 비용으로 명확히 구분될 수 있는 것이 아니라면, 모두 이에 포함되는 것으로 봄이 상당하다. 한편, 관리비 납부를 연체할 경우 부과되는 연체료는 위약벌의 일종이고, 전(前) 구분소유자의 특별승계인이 체납된 공용부분 관리비를 승계한다고 하여 전 구분소유자가 관리비 납부를 연체함으로 인해 이미 발생하게 된 법률효과까지 그대로 승계하는 것은 아니라 할 것이어서, 공용부분 관리비에 대한 연체료는 특별 승계인에게 승계되는 공용부분 관리비에 포함되지 않는다.

[3] 상가건물의 관리규약상 관리비 중 일반관리비, 장부기장료, 위탁수수료, 화재보험료, 청소비, 수선유지비 등은 모두 입주자 전체의 공동의 이익을 위하여 집합건물을 통일적으로 유지·관리해야 할 필요에 의해 일률적으로 지출되지 않으면 안 되는 성격의 비용에 해당하는 것으로 인정되고, 그것이 입주자 각자의 개별적인 이익을 위하여 현실적·구체적으로 귀속되는 부분에 사용되는 비용으로 명확히 구분될 수 있는 것이라고 볼 만한 사정을 찾아볼 수 없는 이상, 전(前) 구분소유자의 특별승계인에게 승계되는 공용부분 관리비로 보아야 한다고 한 사례

[4] 집합건물의 관리단이 전(前) 구분소유자의 특별승계인에게 특별승계인이 승계한 공용부분 관리비 등 전 구분소유자가 체납한 관리비의 징수를 위해 단전·단수 등의 조치를 취한 사안에서, 관리단의 위 사용방해행위가 불법행위를 구성한다고 한 사례

[5] 집합건물의 관리단 등 관리주체의 위법한 단전·단수 및 엘리베이터 운행정지 조치 등 불법적인 사용방해행위로 인하여 건물의 구분소유자가 그 건물을 사용·수익하지 못하였다면, 그 구분소유자로서는 관리단에 대해 그 기간 동안 발생한 관리비채무를 부담하지 않는다고 보아야 한다.

2) 관리사무소에서 입주를 방해하는 경우

⑴ 단전, 단수, 엘리베이터 사용정지

매수인은 공용부분의 원금만 부담하면 되나, 아직도 일부 관리사무소에서는 전유부분 체납액뿐만 아니라 그간 듬뿍 밀린 이자까지도 매수인에게 요구하고 있다. 통상적으로 관리사무소에서는 매수인은 말만 하면 다 들어주는 호구(?)로 알고 착한 매수인에게 받아낼 요량으로 체납자에게는 형식적인 압박만 하고 매수인에게 터무니없는 요구를 하는 경우가 다반사다. 체납자에게는 성인군자 같은 관리사무소가 매수인한테는 마치 빌려준 돈을 악착같이 받으려는 채권추심업자(?)로 돌변한다. 혹 매수인이 안 들으면 전가의 보도를 꺼내 들기도 한다. 입주 지연은 물론이고 단전, 단수하겠다고 엄포 아닌 엄포를 놓는다. 아파트는 밀린 관리비를 이유로 단전, 단수를 하는 경우는 거의 없으나 상가의 경우 단전, 단수 및 엘리베이터 사용을 못 하게 하여 매수인에게 직접적인 영업방해나 심리적 압박을 가하는 경우가 있다. 그럴 경우 대다수 매수인은 관리소와의 관계 등을 고려해 대부분 타협을 한다.

그러나 관리사무소에서 밀린 관리비를 이유로 한 단전, 단수 조치는 엄연한 불법행위(업무방해죄나 공갈죄 등으로 형사고소 대상)이며 오히려 임료 상당의 손해배당을 청구할 수 있다.

(2) 이삿짐 반출 방해

매수인이 밀린 관리비 납부를 거부하면 관리사무소가 이삿짐 반출을 막고 입주를 방해하는 풍경을 종종 보곤 한다. 말이 통하지도 않을 뿐더러 이렇게 막무가내식으로 나올 경우 다소 시간이 걸리더라도 강제집행이 최선이다. 집행관의 강제집행까지 이들이 막을 수는 없다. '강제집행효용침해죄' 때문이다.

3) 관리비 대납 시 돌려받는 방법

조기 입주를 위해 울며 겨자 먹기로 관리사무소의 요구대로 밀린 관리비를 매수인이 납부했다. 그런데 아무리 생각해도 너무 억울해서 전유부분과 연체료를 돌려받고 싶다. 가능한가? 두 가지 경우를 생각할 수 있다. 먼저 관리사무소의 요구에 아무런 이의를 제기하지 않고 납부한 경우 돌려받기 어렵다. 채무승인 내지 대위변제 돼 부당이득반환청구를 할 수 없기 때문이다. 다음은 납부의 불가피성이다. 어쩔 수 없이 밀린 관리비를 납부했다면 관리사무소의 압박으로 납부했다는 증거를 남겨야 한다.

→ 내용증명을 이용한다. 내용증명에 관리사무소의 강박에 의해서 어쩔 수 없이 관리비를 납부하나, 추후 소를 제기하겠다는 점을 명시하면 유용할 것이다.

4) 밀린 공과금(전기료, 수도료, 도시가스료) 처리 문제

밀린 도시가스요금은 누가 내야 하는가?

→ 전기요금, 도시가스요금, 수도요금 등 밀린 공과금은 매수인이 부담하지 않는다. 이들 요금은 전유부분 사용료에 해당되기 때문이다. 전기(한국전력)와 수도(수도사업소), 도시가스(가스회사)는 매수인이 매각대금을 완납한 시점부터 부담한다.

(1) 근거

대법원 판례에 따르면 매수인은 공용부분만 부담하고 전유부분은 입주자대표회의에서 부담한다. 관리비와 공과금의 부담주체 결정 시 기본전제가 수익자(이용자) 부담원칙이다. 이런 연유로 전유부분은 이용자가 부담하며 이용자의 권리를 승계한 입주자대표회의가 부담한다. 따라서 전유부분에 해당하는 공과금은 매수인이 부담하지 않는다.

(2) 전기요금

> **대법원 1992.12.24. 선고 92다16669 판결 [부당이득금]**
>
> 【판시사항】
> 가. 신수용가가 구수용가의 체납전기요금을 승계하도록 규정한 한국전력공사의 전기공급 규정이 일반적 구속력을 갖는 법규로서의 효력이 있는지 여부(소극)
>
> 【판결요지】
> 가. 한국전력공사의 전기공급 규정에 신수용가가 구수용가의 체납전기요금을 승계하도록 규정돼 있다 하더라도 이는 공사 내부의 업무처리 지침을 정한 데 불과할 뿐 국민에 대하여 일반적 구속력을 갖는 법규로서의 효력은 없고, 수용가가 위 규정에 동의하여 계약의 내용으로 된 경우에만 효력이 생긴다.

(3) 수도요금

> **서울특별시 수도조례 제30조(수도요금의 정산)**
>
> ① 건물 또는 토지의 매매 등으로 수도사용자 등이 변경되는 경우에 신규 수도사용자와 기존의 수도사용자 등은 수도요금을 정산하여 신규 수도사용자가 납부하여야 한다. 다만, 경매·공매 처분에 따라 명의변경된 경우에는 그러하지 아니하다.
> ② 제1항에도 불구하고 취득일 10일 전에 시장에게 신고한 경우에는 전 사용자가 사용한 요금을 분리하여 고지할 수 있다.

(4) 도시가스

5) 체납관리비 소멸시효와 사후 대처

매수인은 소유권이전등기 후의 공과금만 부담한다. 이들 기관을 방문해 등기부등본을 제출하거나 유선상으로 경매를 통해 소유권이 변경됐음을 알리면 매각대금 납부(소유권이전등기) 이전의 연체료는 납부하지 않아도 된다.

다만 도시가스의 경우 낙찰자가 이전 사용자의 체납요금을 변제하지 않아도 되지만, 일부 도시가스업체에서는 체납요금 변제 시까지 가스 밸브를 오픈해주지 않는 식으로 가스시설 자체를 사용하지 못하도록 입주자를 압박하기도 한다.

대법원 1998.05.29. 선고 98다6497 판결 [보증금 반환]

【판시사항】
〔1〕임차인이 임대차계약 종료 후 임차목적물을 계속 점유하였으나 본래의 계약상의 목적에 따라 사용·수익하지 않은 경우, 부당이득반환의무의 성립 여부(소극)
〔2〕임차인이 임대차계약 종료 후 동시이행의 항변권을 행사하여 임차목적물을 계속 점유하는 경우, 불법점유로 인한 손해배상의무를 지기위한 요건
〔3〕임차인의 비용상환청구권포기 특약이 있는 경우, 임차인이 임대차계약서상의 원상복구의무를 부담하지 않기로 하는 합의가 있었다고 본 사례

【판결요지】
〔1〕법률상의 원인 없이 이득하였음을 이유로 한 부당이득의 반환에 있어 이득이라 함은 실질적인 이익을 의미하므로, 임차인이 임대차계약관계가 소멸된 이후에도 임차목적물을 계속 점유하기는 하였으나 이를 본래의 임대차계약상의 목적에 따라 사용·수익하지 아니하여 실질적인 이득을 얻은 바 없는 경우에는 그로 인하여 임대인에게 손해가 발생하였다 하더라도 임차인의 부당이득반환의무는 성립되지 않는다.
〔2〕임대차계약의 종료에 의하여 발생된 임차인의 목적물반환의무와 임대인의 연체차임을 공제한 나머지 보증금의 반환의무는 동시이행의 관계에 있으므로, 임대차계약 종료 후에도 임차인이 동시이행의 항변권을 행사하여 임차건물을 계속 점유하여 온 것이라면, 임대인이 임차인에게 보증금반환의무를 이행하였다거나 현실적인 이행의 제공을 하여 임차인의 건물명도 의무가 지체에 빠지는 등의 사유로 동시이행의 항변권을 상실하지 않는 이상, 임차인의 건물에 대한 점유는 불법점유라고 할 수 없으며, 따라서 임차인으로서는 이에 대한 손해배상의무도 없다.
〔3〕임대차계약서에 "임차인은 임대인의 승인하에 개축 또는 변조할 수 있으나 계약대상물을 명도시에는 임차인이 일체 비용을 부담하여 원상

복구하여야 함"이라는 내용이 인쇄돼 있기는 하나, 한편 계약체결 당시 특약사항으로 "보수 및 시설은 임차인이 해야 하며 앞으로도 임대인은 해주지 않는다. 임차인은 설치한 모든 시설물에 대하여 임대인에게 시설비를 요구하지 않기로 한다" 등의 약정을 한 경우, 임차인은 시설비용이나 보수비용의 상환청구권을 포기하는 대신 원상복구의무도 부담하지 않기로 하는 합의가 있었다고 보아, 임차인이 계약서의 조항에 의한 원상복구의무를 부담하지 않는다.

(1) 관리비 소멸 시효

관리비는 3년이 소멸시효며, 가압류 시 소멸시효가 정지된다. 채권의 소멸시효란 권리자가 일정 기간 채권에 대한 권리를 행사하지 않았을 때 채권의 권리 소멸을 인정하는 제도를 말한다.

- 10년 소멸시효: 일반적인 채권
- 5년 소멸시효: 상사채권, 국세, 지방세
- 3년 소멸시효: 물품대금, 공사대금, 공공요금 관련 채권
  ① 확정돼 독립된 이자, 임료, 급료, 부양료
  ② 의사, 조산사, 간호사 및 약사, 조제 및 치료에 관한 채권
  ③ 도급받은 자의 공사에 대한 채권
  ④ 기타 광사의 설계 또는 감독에 종사하는 자의 공사에 대한 채권
  ⑤ 변호사, 변리사, 공증인, 공인회계사 등의 직무에 관한 채권
  ⑥ 상인이나 생산자의 상품판매대금
  ⑦ 수공업자의 업무에 관한 채권

- 2년 소멸시효: 보험금 지급청구권, 보험료 청구권
- 1년 소멸시효: 일반적인 소비생활에서 발생하는 각종 채권으로 숙박료, 음식대, 입장료, 동산 사용료, 노역인의 임금, 연예인의 임금, 수업료 등
- 6개월 소멸시효: 수표금 채권

   소멸시효를 중단하려면 법적인 절차를 통해 소송(지급명령, 소액재판, 가압류)을 제기하면 된다.

> 제168조(소멸시효의 중단사유)
>
> 소멸시효는 다음 각호의 사유로 인하여 중단된다.
>   1. 청구
>   2. 압류 또는 가압류, 가처분
>   3. 승인

(2) 미납관리비 대납 후 사후처리 요령

- 낙찰자가 이전 주인의 미납관리비를 대납했을 경우, 반드시 관리사무소로부터 관리비 납부증명서를 발부받아 둔다.
- 통상적으로 관리비 채권은 3년의 소멸시효에 걸려 3년이 지나면 소멸되나, 낙찰자가 이전 주인을 대신해 납부한 구상채권은 소멸시효가 10년이다. 즉, 10년 내 전 주인이 어느 정도 신용이 회복된 시점에 구상권 소송을 제기할 경우 전부 변제받을 수 있다(필자도 최근 미납관리비 대납 후 5년이 경과

한 시점에 소송을 제기해 승소판결을 받았다).

- 미납관리비의 주체가 폐업한 법인일 경우에는 굳이 소송을
제기하지 않아도 건물관리소가 발급한 관리비 납부증명서
만 있으면 부동산 매도 후 양도세에서 필요경비로 전액 공
제받을 수 있다.

서면-2015-법령해석재산-1971 [법령해석과-3382],
2015.12.16

[제목]
전 소유자의 공용부분 체납관리비를 납부한 경우 필요경비 해
당 여부

[요지]
집합건물을 경매로 취득한 자가 전 소유자의 체납관리비(연체
료 포함)를 「집합건물의 소유 및 관리에 관한 법률」제18조에 따
라 지급한 경우로서 전 소유자를 상대로 구상권을 행사하더라
도 이를 상환받을 수 없는 경우 지급한 전체 체납관리비 중 공
용부분 체납관리비(연체료 제외)는 필요경비에 해당하는 것임

[회신]
집합건물을 경매로 취득한 자가 해당 부동산을 취득한 후 전
소유자의 체납관리비(연체료 포함)를 「집합건물의 소유 및 관리
에 관한 법률」제18조에 따라 지급한 경우로서 전 소유자를 상
대로 구상권을 행사하더라도 이를 상환받을 수 없는 경우 지
급한 전체 체납관리비 중 공용부분 체납관리비(연체료 제외)는
「소득세법 시행령」제163조 제1항 제1호 및 같은 영 제89조 제1
항 제1호에 따른 매입가액에 가산되는 부대비용으로서 양도가
액에서 공제할 필요경비에 해당하는 것입니다.

관리비 납부영수증

제목: ○○○프라자 미납관리비 납부영수증
영수금액: 일금 일천만 원(₩10,000,000)

○○○ 씨가 경기도 부천시 원미구 상동 ○○○-○○○번지 ○○○프
라자 ○○호에 연체된 관리비 중에 낙찰자 부담분인 일천만 원 전부를
납부하였음을 정히 영수합니다.

확인자: ○○○○○○○ 관리소장

2017년 ○○월 ○○일

○○○○프라자 상가관리단   관인

- **미운 오리 새끼, 백조로 만들기**
  SubNote) 소호 사무실, 공유 오피스란?

- **망한 룸살롱, 사무실로 개발하기**
  SubNote) 위락시설 낙찰 시 유의점

- **영종도 부동산 엿보기**
  SubNote) 고시원 낙찰 시 유의점

- **빨래방 카페는 어떨까?**
  SubNote) 레버리지(Leverage) 투자란?

Part 4
상가 경매로 비즈니스하라

- 수익은 남들이 가지 않는 길에 있다
  SubNote) 숙박시설 경매 낙찰 시 유의점

- 지하상가는 어떻게 개발할까?

- 테마상가를 낙찰받아도 될까?

2,000년 전 사마천은 《사기》 '화식열전(貨殖列傳)' 편에서 당시 한 나라의 경제활동에 대한 통찰력을 바탕으로 여러 부자들의 특성과 사례를 서술하며 이렇게 결론을 낸다.

"돈은 아무나 버는 것이 아니다. 머리를 굴려야만 돈을 벌 수 있다. 세상은 유수처럼 변화하는 만큼 그에 따른 유행과 시세를 민첩하게 포착하는 아이디어를 내면 누구나 돈을 벌 수 있다."

첫째, 세상이 흘러가는 이치, 즉 트렌드(Trend)를 파악하라.
진시황 시절 도교를 믿는 도사들은 불로장생이나 방중술에 쓰기 위해 '단약'이라는 약을 만들었는데 이때 쓰이는 약재가 '단사(丹沙)'였다. 진시황 무덤에도 수은을 흘려 강처럼 만들었다는 기록이 있을 만큼 수은은 매우 비싼 광물이었다. 과부 청은 수은이 포함된 단사 채굴업으로 사업을 크게 번창시켰고 진시황으로부터 여자임에도 불구하고 특별초청을 받고 천자와 같은 대우를 받았다.

둘째, 사람의 욕구를 파악하라.

화장품을 팔아 돈을 번 옹백이라는 이가 있었다. 당시 한나라에서는 여자들이 머리를 빗어 뒤로 틀어 올리는 헤어스타일이 유행했고, 새까만 머리를 잘 빗어 틀어 올리려면 머릿기름이 필요했다. 옹백은 질 좋은 머릿기름을 팔아 큰돈을 벌었다.

질 씨라는 이는 칼을 갈아 번 돈으로 제후처럼 살았다. 춘추전국시대 이후 남자들은 너나 할 것 없이 칼을 차고 다니는 것이 대유행이었다. 질 씨는 대형 칼갈이 공장을 차려놓고 밀려드는 손님을 상대해서 큰돈을 벌었다. 사람의 욕구를 정확하게 간파하는 것, 이것이야말로 상인이 성공할 수 있는 열쇠다.

셋째, 정확한 상황판단 능력과 미래를 보는 눈을 키워라.

2,000년 전 사마천이 지적했듯이 시장의 트렌드는 일정치 않으며 늘 변하기 마련이다. 지금 우리 경제가 어떤 시점에 있으며 어떠한 방향으로 흘러갈지 예측하는 것, 그리고 이에 따라 물 흐르듯이 투자하는 것이 올바른 투자의 방식일 것이다.

미운 오리 새끼,
백조로 만들기

내 인생의 가장 훌륭한 시는 아직 쓰이지 않았다.

가장 아름다운 노래는 아직 불리지 않았다.

최고의 날들은 아직 살지 않은 날들.

가장 넓은 바다는 아직 항해 되지 않았고

불멸의 춤은 아직 추어지지 않았으며

가장 빛나는 별은 아직 발견되지 않은 별.

무엇을 해야 할지 더 이상 알 수 없을 때

그때 비로소 진정한 무엇인가를 할 수 있다.

어느 길로 가야 할지 더 이상 알 수 없을 때

그때가 비로소 진정한 여행의 시작이다.

– 나짐 히크메트 《진정한 여행(A True Travel)》 중에서 –

트렌드가 바뀔 때 돈 벌 기회가 온다! 언제부턴가 법원 경매 입찰장마다 발 디딜 수 없을 만큼 많은 입찰자로 붐빈다. 어떤 경매 법원은 입찰자가 너무 많아 집행관이 호명할 때 밖에 대기하고 있다가 간신히 비집고 들어가기도 한다. 교보문고 부동산 코너에 가보면 법원 경매로 떼돈을 벌었다는 종류의 경매 책들이 난무하다. 이를 읽은 일반인들이 불나방처럼 경매 입찰장에 달려드는 건 너무나 당연한 현상일 것이다. 그러나 일반인들이 막상 입찰에 참가해보면 번번이 패찰하기 일쑤다. 내가 보기에 좋은 물건은 남들이 보기에도 좋기 때문이다. 몇 차례 쓰디쓴 패찰을 맛본 투자자들이 법원 경매를 포기하고 동네 부동산 중개업소에서 급매물을 선택하는 이유다.

남들이 주목하지 않는 틈새를 공략해야 한다. 상가 경매 물건 중에서 남들이 꺼리는 유흥시설 물건들을 공략할 경우, 다른 물건들보다 낙찰받기도 쉽고 훨씬 저렴하게 낙찰받을 수 있다.

최근 2~3년 사이에 상가 경매 물건들을 검색해보면 단란주점, 안마·마사지, 노래방 등 유흥시설이 대거 쏟아지고 있다. 김영란법 등으로 기업들의 접대 서비스가 줄어들며 사회 전반적으로 흥청망청 문화가 사라져 가고 있기 때문이다. 당분간 이런 추이가 지속될 것으로 보이기에 유흥시설 물건들은 더욱 많이 경매로 나올 것이다. 그렇지만 유흥시설 상가 경매 물건은 명도하기도 어렵고 마땅한 개발 모델도 찾기가 쉽지 않아 선뜻 입찰에 나서기가 쉽지 않은 실정이다.

유흥시설 경매가 어려운 이유는 명도 문제뿐만 아니라 적정한 임대수익 확보를 위한 개발이 쉽지 않기 때문이다. 필자도 수십여 건의 상가 경매 물건을 낙찰받으며 많은 유흥시설 물건들을 접해왔지만, 여전히 선뜻 내키지는 않는다. 하지만 거꾸로 생각하면 이러한 유흥 물건들에서 대박이 날 수도 있다. "용기 있는 자만이 미녀를 얻는다"는 말은 상가 경매에도 통용되는 진리다.

다음 물건들은 10여 년간 필자가 투자를 고민하다가 포기한 사례와 직접 낙찰받아 개발한 사례다. 때로는 낙찰받지 못하더라도 남들이 낙찰받아 개발하는 과정을 지켜보기만 해도 많은 공부가 된다.

첫 번째 소개할 물건은 10여 년 전에 부천에서 가장 큰 나이트클럽인 '메리트나이트'가 소재한 건물에 나온 경매 건이다.

소재 지	경기도 부천시 원미구 상동 538-7, 다솜프라자 9층	도로명주소검색					
				오늘조회: 3 2주누적: 2 2주평균: 0 조회동향			
물건종별	근린상가	감 정 가	1,530,000,000원	구분	입찰기일	최저매각가격	결과
				1차	2007-07-05 (13:00)	1,530,000,000원	유찰
대 지 권	139.18㎡(42.102평)	최 저 가	(24%) 367,353,000원	2차	2007-08-02 (13:00)	1,071,000,000원	유찰
건물면적	750.69㎡(227.084평)	보 증 금	(20%) 73,480,000원	3차	2007-09-06 (13:00)	749,700,000원	유찰
				4차	2007-10-04 (13:00)	524,790,000원	유찰
매각물건	토지 건물 일괄매각	소 유 자		5차	**2007-11-01 (13:00)**	**367,353,000원**	
				낙찰 : 485,000,000원 (31.7%)			
개시결정	2006-12-18	채 무 자		매각결정기일 : 2007.11.08 - 매각허가결정			
				대금지급기한 : 2007.12.07 - 기한후납부			
사 건 명	임의경매	채 권 자	한국스탠다드차타드제일은행	배당기일 : 2008.02.18			
				배당종결 2008.02.18			

△ 2007년 당시 경매 정보지에 실린 건물 외관 전경

　필자도 경매 입찰 전 여러 차례 임장을 갔으나 건물 내부 여기 저기를 둘러보니 도무지 입찰할 기분이 들지 않았다. 여러 번 유찰된 상태라 가격이 저렴한 것까지는 좋았는데 어떤 모델로 개발 해서 수익을 낼지 도무지 엄두가 나지 않았다. 수차례 고민 끝에 결국 입찰 포기를 결정했다. 그런데 몇 년 후 우연히 이 부근을 지나다 건물 간판을 보고 현장에 가보았더니 완전히 새로운 건물 로 바뀌어 있었다. 우중충했던 내부 모습은 온데간데없고 깔끔하 고 세련된 인테리어로 재단장한 소호 사무실로 바뀌어 있었다. 미 운 오리 새끼의 화려한 변신이었다.

△소호 사무실로 새롭게 단장한 건물 내부

　　두 번째 물건은 3년여 전 공매로 나온 부천 상동에 있는 위락
시설이다. 실평수 130평, 감정가 7억여 원대로 'ㅇㅇ관 요정'이라
는 이름의 룸살롱으로 운영되던 상가였는데 경매 투자자들이 꺼
리는 유흥시설이라 계속 유찰되고 있었다. 필자도 계속 이 물건
을 주시하면서 입찰할 타이밍을 보고 있었는데 결국 용기 있는 누
군가가 먼저 낚아채서 가져갔다. 3억 6,000만 원대니 감정가의
50% 정도에 불과하다. 명도비야 다소 들겠지만, 명도 이후 적절
한 개발 플랜만 있다면 대박 물건이 될 수 있겠다.

소재지	경기 부천시 원미구 상동 548-6 타운 제 층					
	(도로명주소 : 경기도 부천시 원미구 길주로 70　타운 제 층 제 호(상동, 타운))					
물건용도	상가용및업무용건물	감정가		711,000,000 원	재산종류	압류재산(캠코)
세부용도	위락시설	최저입찰가	(50%) 355,500,000 원		처분방식	매각
물건상태	낙찰	집행기관	한국자산관리공사		담당부서	인천지역본부
토지면적	95.01㎡	건물면적	434.36㎡		배분요구종기	0000-00-00
물건상세	건물 434.36㎡, 대 95.01㎡					
위임기관	원미구청	명도책임	매수자		조사일자	0000-00-00
부대조건						

• 입찰 정보(인터넷 입찰)

입찰번호	회/차	대금납부(기한)	입찰시작 일시~입찰마감 일시	개찰일시 / 매각결정일시	최저입찰가
2201403563001	017/001	일시불(30일)	15.04.27 10:00 ~ 15.04.29 17:00	15.04.30 11:00 / 15.05.04 10:00	355,500,000
				낙찰 : 361,700,000원 (101.74%)	
2201403563001	018/001	일시불(30일)	15.05.04 10:00 ~ 15.05.06 17:00	15.05.07 11:00 / 15.05.11 10:00	319,950,000
2201403563001	019/001	일시불(30일)	15.05.11 10:00 ~ 15.05.13 17:00	15.05.14 11:00 / 15.05.18 10:00	284,400,000
2201403563001	020/001	일시불(30일)	15.05.18 10:00 ~ 15.05.20 17:00	15.05.21 11:00 / 15.05.26 10:00	248,850,000
2201403563001	021/001	일시불(30일)	15.05.25 10:00 ~ 15.05.27 17:00	15.05.28 11:00 / 15.06.01 10:00	213,300,000
2201403563001	022/001	일시불(30일)	15.06.01 10:00 ~ 15.06.03 17:00	15.06.04 11:00 / 15.06.08 10:00	177,750,000

△ 2015년 공매로 나온 상가 물건

　몇 달 후 우연히 이 건물 근처를 지나다가 이 물건이 떠올라 들어가 보니, 우중충했던 유흥주점의 모습은 온데간데없고 깔끔한 소호 사무실로 바뀌어 있었다.

　한 가지 재미있는 사실은 같은 층에 'ㅇㅇ관 요정' 이름의 유흥주점이 한편에서 아직도 운영되고 있었다는 점이다. 마치 한 지붕 두 가족 동거처럼 소호 사무실과 룸살롱의 절묘한 조합이었다. 같은 층에서 실제로 운영 중인 룸살롱의 한편을 명도시킨 후 소호 사무실로 바꿔 운영한 낙찰자의 용기와 안목에 경탄을 표하지 않을 수 없었다.

△같은 층에서 운영 중인 소호 사무실 전경

만화 〈미생〉에서 "요르단 사업, 비리만 걷어내면 좋은 사업이 아닌가요?"라고 되묻는 장그래의 명대사처럼, 룸살롱 등 유흥시설 낙찰은 명도라는 골치 아픈 변수만 걷어낼 수 있다면 좋은 입지의 물건을 저렴하게 낙찰받아 황금빛 엘도라도로 바꿀 수 있는 매력적인 아이템이 될 수 있을 것이다.

다음 상가는 5년 전 필자가 부천 상동 인근에 낙찰받은 물건이다.

소 재 지	경기도 부천시 원미구 상동		도로명주소검색				
물건종별	근린상가	감 정 가	501,800,000원	오늘조회: 1 2주누적: 2 2주평균: 0 조회동향			
				구분	입찰기일	최저매각가격	결과
대 지 권	61.856㎡(18.711평)	최 저 가	(70%) 351,260,000원	1차	2012-04-19	501,800,000원	유찰
건물면적	264.15㎡(79.905평)	보 증 금	(10%) 35,130,000원	2차	2012-05-24	351,260,000원	
				낙찰: 373,510,000원 (74.43%)			
매각물건	토지·건물 일괄매각	소 유 자	김''	(입찰1명,낙찰:'')			
				매각결정기일 : 2012.05.31 - 매각허가결정			
개시결정	2011-11-08	채 무 자	김.	대금지급기한 : 2012.06.29			
				대금지급기한 : 2012.06.29 - 기한후납부			
사 건 명	임의경매	채 권 자	국민은행	배당기일 : 2012.07.31			
				배당종결 2012.07.31			

실평수 80평, 분양 평수 150평. 이전 주인이 4층 전체에서 헤어숍을 운영하다 망해 한동안 공실 상태로 비어있던 건물이다. 4층 전부를 사용할 수 있다는 점은 긍정적이었으나, 건물 다른 층에 룸살롱, 노래방, 안마 등 유흥시설이 대부분인 점이 커다란 흠이었다. 물건지인 4층 외에 2층은 안마방, 3층은 당구장, 5층은 노래방, 7층은 룸살롱 등 유흥시설이 다수 입점해 있었다.

경매 입찰 전에 이 부분을 상당히 고민했으나, 4층 한 층 전부를 사용할 수 있고, 베란다 공간 30평이 추가로 있다는 점에 끌렸다.

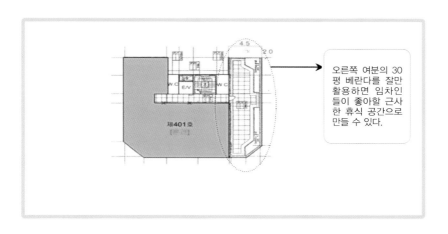

오른쪽 여분의 30평 베란다를 잘만 활용하면 임차인들이 좋아할 근사한 휴식 공간으로 만들 수 있다.

앞의 메리트나이트 건물처럼 잘만 인테리어하면 실평수 110여 평의 소호 사무실로 개발할 수 있을 것으로 판단됐다. 입찰 당일 아무 망설임 없이 74% 언저리 가격으로 입찰했는데 결과는 단독 낙찰이라 상당히 당황했던 기억이 있다.

이 건물은 명도하자마자 소호 사무실로 직접 개발했다. 30여 평의 베란다 공간이 있고 4면에 창이 많아 잘만 개발한다면 임대 놓기에 좋을 것으로 봤다. 직접 20여 개의 사무실로 분할한 도면을 그린 후 잘 아는 사장님에게 인테리어를 맡겼다.

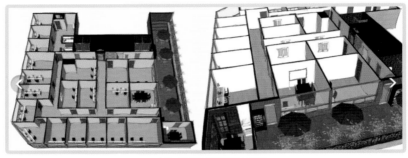

△ 소호 사무실 인테리어 도면도

약 2개월의 인테리어 공사 후 임대를 놓았더니 몇 개월 안에 대부분이 찼다. 직장인처럼 매월 월세가 나오는 월급 개념으로 개발한 상가로 다행히 5년 동안 매월 꾸준히 월급 같은 월세가 나와 주었다.

돌이켜보면 유흥 건물이라 여러 가지 에피소드도 많았다. 베란다 공간을 카페처럼 꾸며 놓았더니, 7층 룸살롱에서 일하는 어깨(?)들이 가끔 내려와 자기네 안방인 것처럼 담배를 피워대곤 했다. 어느 일요일 아침 건달 4명이 몰래 들어와 베란다에서 담배를 피우고 있는 모습을 본 필자는 이들에게 대담무쌍하게도(?) 다른 곳으로 옮길 것을 강하게 요구해 쫓아내기도 했다.

유흥시설이 많이 들어있는 건물이라 관리비 미납 사례도 많고, 건물입주자 간에도 갈등이 많았다. 매년 한두 차례 열리는 관리단 회의에 간간이 참석해 보면, 현재 관리단 회장과 전임회장을 지지하는 파들로 나뉘어 고성이 오가기 일쑤였다. 유흥 건물 낙찰은 여러모로 인생의 재미를 만끽하게 해주지만, 상가개발을 하는 입장에서는 리스크가 크기에 항상 고민되는 부분이다. 하지만 저렴하게만 낙찰받을 경우 잘만 개발하면 대박 물건이 될 수도 있다.

이 물건은 낙찰 후 정확히 5년이 경과한 시점에 인근 부동산 중개업소에 감정가 근처 가격으로 내놓았더니 50대 베이비부머가 단박에 채갔다. 낙찰가 대비 캐피털 게인(자본차익)과 인컴 게인(월세 수익)을 동시에 거둔 물건이기에 그다지 후회는 없다. 새 술은 새 부대에 담아야 한다.

아직 낙찰받은 상가가 있기에 할 만한 사업이 많다. 위워크(Wework) 같은 공유 오피스나 셰어하우스 등등. 자본이 확보되는 대로 또 다른 구상에 나설 것이다.

SubNote 소호 사무실, 공유 오피스란?

소호(SOHO)란 영어의 'Small Office Home Office(소규모 사무실)'의 머리글자를 따서 만든 신조어로, 소규모 자영업을 뜻하며 보통은 컴퓨터와 정보기술의 발달 덕분에 가능해진 개인 사업을 뜻한다. 소호 사무실은 이러한 1~4인 사업자들에게 1~4평 단위로 임대해주는 사무실을 말한다. 통상적으로 보증금 없이 1~2개월 치 예치금만 납입하고 입주하는 조건으로 운용된다. 대표적인 프랜차이즈업체로는 토즈, 르호봇 비즈니스센터 등이 있다.

공유 오피스란 영어로 코워킹 스페이스(Coworking Space)라고 하며, 한 지붕 아래 다양한 분야의 사람들이 모여 일하는 협업 개념의 사무 공간을 말한다. 보통 1인 기업과 소규모 스타트업들이 임대보증금 없이 창업할 수 있도록 지원하는 역할을 하는 새로운 개념의 공간 대여사업이다. 위워크, 스페이시즈 외국계 기업과 패스트 파이브, 카우앤독 등이 있다.

공유 오피스, 즉 코워킹 스페이스는 급성장 중이다. 미국의 경우 최근 몇 년 사이 400% 이상의 성장세를 기록했고, 영국과 독일, 일본, 중국 등지에서도 새로운 오피스 문화로 확실히 자리 잡은 모습이다. 2005년 샌프란시스코에서 시작된 최초의 코워킹 스페이스 '햇팩토리(Hat Factory)'는 주로 개발자들을 위한 공간이었지만, 요즘은 디자이너, 작가, 뮤지션, 비즈니스 리더 등 다양한 분야의 사람들이 이곳을 찾고 있다.

우리나라에서는 과거 우중충했던 성수동 공장지대가 다양한 분야의 사람들이 모여 사회협업을 하는 공간으로 재탄생하고 있다. 예를 들어 카우앤독, 인생공간 등 공유 오피스와 서울숲 인근에 100여 개의 중고 컨테이너로 지은 '언더스탠드에비뉴' 등 참신한 소셜벤처기업들이 점차 늘고 있다. 상가 경매 투자자라면 죽은 상가를 살릴 수 있는 아이디어를 참조할 필요가 있다.

망한 룸살롱,
사무실로 개발하기

삶은 소유물이 아니라 순간순간의 있음이다.

영원한 것이 어디 있는가. 모두가 한때일 뿐

그러나 그 한때를 최선을 다해 최대한으로 살 수 있어야 한다.

– 법정 스님의《버리고 떠나기》중에서 –

7호선 상동역 앞 도보로 3분 거리에 오랜만에 쓸만한 상가가
나왔다. 비록 대로변 전면상가는 아니지만 후면상가 중 가장 첫머
리 부분에 위치해 있고, 상동역에 매우 근접한 위치로 임대용 사
무실로 개발할 경우 임대수익을 기대할 수 있는 목 좋은 위치다.
상가 모양도 필자가 제일 선호하는 남향 창문이 많은 가로형 모양
이다. 명도만 잘된다면 고시원이나 사무실 등 여러 가지 용도로
개발해 임차할 수 있어 활용 가능성이 크다.

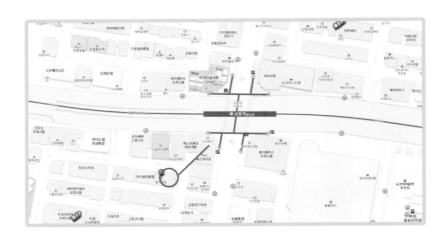

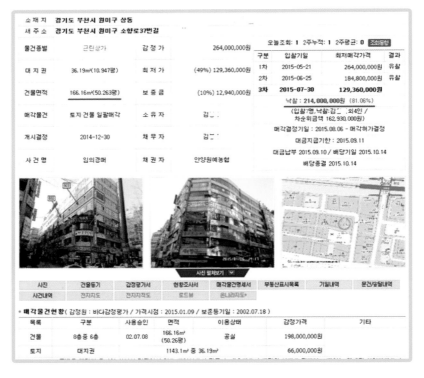

이 상가의 유일한 단점은 일반적으로 경매 투자자들이 가장 명도를 어렵게 생각하는 위락시설이라는 점이다. 경기가 좋을 때 상동 먹자골목에서 인기 업종이었던 룸살롱 건물이 경매로 나온 것이다. 사전 임장 시 출입문 두 개 다 닫혀있어서 내부 상황을 잘 알 수 없었다. 유흥업종이 불경기인지라 업자가 망해서 도망갔을 것으로 추정되니 아마도 수년간 공실로 방치돼 미납관리비도 잔뜩 연체했음이 틀림없을 것이다.

△경매에 나온 룸살롱 건물

수강생들과 함께 낙찰받은 후 법원에 가서 사건기록 열람을 해보니, 주인은 오지에 거주하는 80대 노인이다. 추측하건대 아들이 룸살롱을 차명으로 운영하다가 경영난에 처하자 아버지 명의로 이전해둔 것으로 보인다. 룸살롱이 망할 경우, 오너들은 바지사장을 세워놓고 제2금융권을 통해 대출을 최대한 신청해둔 후에 부가세·주류세 등 각종 세금과 관리비를 대거 연체한 뒤 경매로 날린다. 위락시설 경매에서 흔히 발견되는 수법이다.

아마도 자식이 룸살롱을 시골 아버지 이름으로 운영한 듯싶은

데 시골 아버지가 무슨 재산이 있겠는가? 가압류할 물건도 없으려니와 명의상 주인을 상대로 미납관리비 등에 대해 구상권을 청구해봤자 건질 건 별로 없을 것이다. 법원에서 사건기록 열람자료를 아무리 뒤져 보아도 전 주인의 연락처나 이름은 없다. 출입문은 굳건히 닫혀있고, 미납관리비를 내줄 점유자는 찾기 힘드니 참으로 난감하다.

그러나 궁즉통(窮卽通)이라고 했던가? 결국, 상가관리단 직원과 관리소장을 차례로 면담해보니 해결의 실마리가 나왔다. 먼저 관리실에 가서 미납관리비를 받아본다. 602호, 603호 2개 호실에 연체된 관리비가 3,000만 원 이상이며 룸살롱 주인은 망해서 야반도주한 지 오래됐다고 한다. 잔금과 동시에 인도명령을 신청했었기에 차분히 기다리면 될 일이나, 문제는 하염없이 흘러가는 시간들과 아까운 대출이자다.

이럴 때는 정황적 판단을 해야 한다. 점유이전금지가처분 신청이나 인도명령, 강제집행 절차대로 갈 경우 시간과 비용이 한도 끝도 없이 들어갈 것이다. 건물관리소장의 얘기를 들어보니 전 주인이 영업을 안 한 지는 오래됐다고 하니 빈 상가임이 확실하다. 분명히 비싼 짐들도 다 가져가고 쓰레기들만 남아있을 것이다. 이럴 때는 지체 없이 단호하게 결단을 내려야 한다.

원칙대로라면 먼저 동산 소유자에게 잔존 물건을 찾아갈 것을 요구하는 내용증명을 발송하고, 소유자가 응답하지 않을 경우 내용증명을 첨부해 법원 집행관사무소에 가서 강제집행과 유체동산 경매를 신청하면 된다. 그러나 물적 비용과 시간 비용을 고려할 때 냉정하게 판단해야 한다. 정황상 사적 집행(?)이 최선이다. 결국, 관리소장님과 수강생들 2인 입회하에 집행(?) 절차를 밟기로 했다. ①열쇠업자를 불러 개문 실시 ②현장 사진 촬영 ③물건목록 작성 ④현관문 앞에 일주일 정도 '유체동산을 별도 보관 중이니 일주일 안에 찾아가라'는 요지의 고지문을 붙여두는 순으로 진행할 것이다. 혹시라도 후에 물건을 찾으려는 이가 나타나면 대환영이다. 거액의 미납관리비부터 정산해달라고 요청하면 될 것이다.

이러한 시나리오를 염두에 두고 잔금을 치르자마자 수강생들과 같이 현장에 갔다. 인근에서 열쇠공을 수소문한 후 바로 개문을 실시했다. 그러나 열쇠공이 약 30분간이나 문고리와 씨름했지만 도무지 열리지 않는다. 안쪽에서 못으로 박아둔 것 같다고 한다. 열쇠공이 가만히 들여다보더니 2개 문 중에 작은 문을 부숴버렸다. 그랬더니 문 안쪽에 나무 널빤지를 대놓고 대못을 박아놓은 흔적이 보이지 않는가? 이러니 열쇠공이 아무리 열어도 안 되는 것이었다. 다른 문도 연장을 이용해 마저 따보니, 안에 폐자재와 쓰레기들이 가득했다. 폐식용유 통과 휘발유 통도 잔뜩 널브러져 있다. 쓸만한 물건들은 없다. 사업에 망해서 그런지 모두 다 불 지르려고 했나 보다.

△ 30분이나 문고리와 씨름한 열쇠 수리공

만약에 대비해(추후 주인이 나타날 경우) 그나마 남아있는 물건에 대한 목록을 일일이 작성하고, 관리소장의 사인을 받아두었다. 행여 물건 주인이 나타나면, 관련 물건목록과 첨부된 사진 자료를 제시하고 그 대신 연체관리비 3,000만 원을 요구하면 될 일이다.

예상대로 노래방 기기 등 값나가는 비싼 건 모조리 가져간 상태였고 건축 쓰레기와 휘발유 통 등 돈 안 되는 물건들만 잔뜩 쌓여 있었다. 작은 방에 설치된 서랍장 뒤에는 샤워실로 연결되는 비밀의 문이 있다. 룸살롱 특유의 비밀공간이다. 경찰단속 시 대피하기 위한 공간인가?

속앓이할 것으로 예상했던 명도문제가 뜻밖에 빨리 끝났다. 이제 상가관리단과 산더미같이 연체된 관리비 해결 문제를 놓고 드잡이해야 한다. 그리고 위락시설 내 잔존물 철거와 개발 문제가 남아있다.

△ 룸살롱 흔적을 모두 지워버린 철거 작업

　철거비는 룸살롱 특유의 밀폐형 구조로 방음 소재들이 많아 견적이 1,000만 원 이상 나왔다. 전기도 끊어져 있기에 EPS실에서 다시 끌어온 후 철거업체를 불러 일주일 동안 천장부터 바닥까지 깡그리 철거했다. 룸살롱 흔적이 조금이라도 보이지 않게! 룸살롱은 사무실로 임차 놓을 경우 재활용하기 어렵다. 천장, 벽체, 바닥 순으로 단계적 철거를 한 후에 약 10평짜리 6개의 사무실로 다시 리모델링했다.

　천장 텍스를 새 것으로 전부 바꾸고 바닥도 반짝반짝 윤나는 폴리싱타일로 깔고 최신형 에어컨을 설치했더니 A급 사무실로 거듭났다. 인근 부동산 중개업소에 뿌리니 3개월 내 모두 찼다.

△ A급 사무실로 거듭난 사무실 모습

체납관리비 문제는 건물관리단과 몇 차례 협상 끝에 체납관리비 전체에서 3년 치 공용분을 내는 것으로 타협을 보았다. 관리단 이름으로 602호, 603호에 대한 관리비 납입영수증을 받아둔다. 양도세 절감 및 추후 관리비 구상권 소송용이다. 혹시나 모를 사태(?)에 대비해 미납관리비 구상권 관련 확정판결을 받아두면 더욱 좋을 것이다.

602호, 603호 다 합해 3억 원 안 되게 낙찰받아 6개 호실로 인테리어하는 데 3,000만 원 정도 투입됐다. 월 3.5% 금리로 경락잔금대출 80% 받아 인테리어비는 보증금으로 거의 회수하니 실투입금은 8,000만 원 정도. 매월 임차료가 대출이자 빼고 200만 원 이상 들어오는 구조다.

3년 정도 지나면 투입원금은 임대료로 거의 다 회수될 것으로 예상되며, 이후에는 매도차익만 거두면 된다. 2개 호수를 합해 80평에 육박하니 만약 5억 원 정도에 매각되면 세전 2억 원 이상의 매도차익을 거둘 수 있을 것으로 예상된다. 투입원금 대비 투자수익률은 300% 정도. 상가 경매는 잘만 하면 자본소득과 임대소득을 모두 거둘 수 있는 나만의 비밀무기다.

SubNote 위락시설 낙찰 시 유의점

유흥주점, 단란주점, 노래연습장 등 고급 오락장용 시설은 사치성 재산에 포함되며, 영업장 바닥면적이 100㎡ 이상일 경우 세금이 중과된다. 영업허가증을 다시 받으려면 소방시설, 위생교육 등 부대비용이 많이 들기에 낙찰 후 위락시설로 임대할지 다른 용도로 전환할지 신중하게 판단해야 한다. 재임대를 택한다면 이전 주인에게 이사비로 돈을 주고 영업허가권을 인수해야 하고, 다른 용도로 개발할 경우에는 영업허가를 지체 없이 말소해야 한다.

【고급 오락장용 건물의 중과 세금】

1. 취득세 3배 중과
   고급 오락장용 건물은 취득세가 12%, 보통 상가는 4%

2. 재산세 16배 중과
   - 일반상가: 건물분이 0.25%, 토지분이 0.2~0.45%
   - 고급 오락장용 건축물: 건물분이 4%, 토지분이 4%
   (일반상가에 비해 고급 오락장용 건물은 약 16배의 재산세를 납부)

3. 공동시설세 2배 중과
   일반상가가 0.5~1.3%인 반면 고급 오락장용 건물은 1~2.6%

【위락시설에 대한 영업허가 취소 절차】

1. 부동산 인도집행 조서를 발급받아 세무서에 가서 사업자등록을 말소 신청한다.

2. 관할 구청에 가서 영업증 직권말소를 신청. 직권말소 기간은 통상 2~3개월 정도 소요된다.
   - 직권말소 신청→영업자 통지→심사→담당 공무원 현장확인→영업증 취소

말소 기간 중 이전 점유자들이 영업할 수가 없기에 압박 효과가 있다.

영종도
부동산 엿보기

리스크를 감당하며 앞으로 나아가라!

– 에릭 슈밋, 구글 회장 –

영종도는 참여정부 당시 인천에서 송도·청라 신도시와 함께 동북아 허브를 목표로 개발이 추진된 도시다. 그러나 2008년 서브프라임 사태 발발 등으로 한때 '미분양의 무덤'으로 불리던 악명 높은 곳이다.

하지만 필자는 몇 년 전부터 영종도 부동산의 잠재성을 주목해 왔다. 인천의 3대 국제자유도시 중에 현재는 송도가 가장 앞서고 있지만 영종도도 무시할 수 없는 잠재력을 갖고 있다. 인천국제공항이라는 서울의 관문도시이며, 미단시티를 비롯해 4개의 카지노사업계획이 진행되고 있는 등 경매 투자자라면 지속적으로 관심을 가져야 하는 동네다.

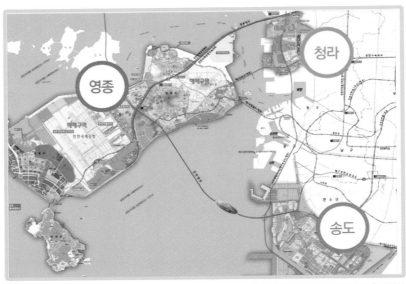

출처: 인천경제자유구역청(IFEZ) 홈페이지

△ 영종도 주요 추진사업 현황[출처: 인천경제자유구역청(IFEZ) 홈페이지]

10여 년 전 필자는 쿠웨이트에 간 적이 있었다. 당시 우리나라에서 쿠웨이트를 가려면 직항노선은 없고 두바이를 경유해서 가야만 했다. 두바이공항에 도착한 후 쿠웨이트까지 비행기로 갈아타는 중에 약 4시간 정도 갭이 있었다. 4시간은 시내 관광하기도 빠듯하고 그렇다고 공항 의자에 앉아서 그냥 기다리기도 어려운 시간이다. 그러나 두바이공항에는 4시간 내내 소일하며 즐길 수 있는 대규모 쇼핑몰이 있었다. 두바이는 아시아나 유럽의 여행자들이 중동 또는 북아프리카로 가기 위해서는 반드시 거쳐야 할 관문으로 대규모 쇼핑몰, 컨벤션센터 등으로 허브 공항으로서의 이점을 톡톡히 누리고 있다.

몇 년 후 두바이와 같은 아시아의 관문인 싱가포르에도 간 적이 있었다. 싱가포르도 면적은 작으나 중동 또는 유럽인들이 아시아로 가기 위해서는 반드시 거쳐 가야 할 관문 도시, 즉 허브 국가다. 당시 싱가포르정부는 싱가포르 도시 인근의 센토사 섬을 한창 개발 중이었다. 지금은 이미 마리나베이샌즈 등 랜드마크와 대규모 카지노로 유명하지만, 당시만 해도 싱가포르 일각에서는 카지노 개발 문제로 말이 많았다.

싱가포르가 어떤 나라인가? 싱가포르의 국부 리콴유가 유교적 이상주의와 서구 자본주의 및 사회주의를 접목해 만든 완벽하게 통제되고 시스템화된 나라가 아닌가? 사회 전체적으로 철저한 부패척결과 도덕성을 강조하며 껌 하나 뱉어도 엄청난 벌금을 물리고 마약 소지자는 가차 없이 사형시키는 나라가 아니던가? 이렇게 도덕적 이상주의를 부르짖던 나라도 리센룽 총리 체제에서는 국가의 미래 먹거리 확보라는 대의명제와 아시아 관문도시로서의 이점을 최대한 살려 센토사 섬을 개발해 지금은 동양의 라스베이거스로 거듭나고 있다.

우리나라도 5,000만 명이나 되는 사람들이 좁은 지역에 몰려 사는 등 높은 인구밀도를 자랑(?)하며 끊임없이 미래의 먹거리를 고민해야 하는 태생적 한계를 안고 있다. 미·중·러와는 비교도 할 수 없는 국토 사이즈를 감안할 때 한국은 사실상 두바이나 싱가포르와 같은 도시국가와 유사하다. 따라서 일·중·러 등 인구 대국에 둘러싸인 지정학적 특성상 허브 국가로서의 이점을 살려야 한다.

영종도 인천국제공항을 동북아 허브 공항으로 키우기 위해서는 쇼핑몰, 컨벤션센터, 카지노 등 유흥시설이 복합적으로 들어선 허브 도시로 키워야 한다. 영종도는 인천국제공항을 허브 공항으로 키우려는 정부의 정책 의지가 반영된 곳이기에 앞으로도 민관에서 많은 자본유치가 이루어질 것이다. 현재 가치뿐만 아니라 미래 가치까지 눈여겨볼 투자자로서는 한 번쯤 주목해볼 필요가 있는 도시다.

다음 물건은 몇 년 전에 수강생과 같이 입찰하려다 실패한 물건이나 가격이나 입지가 상당히 좋았던 물건이라 연구사례로 올리고자 한다.

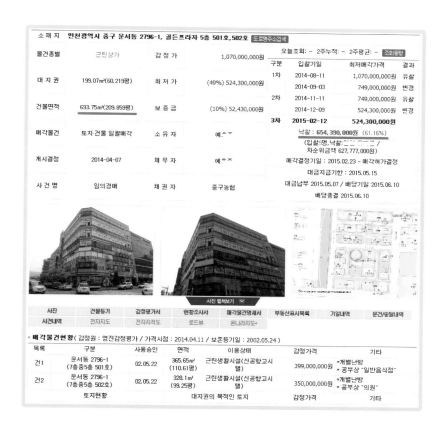

소재지	인천광역시 중구 운서동 2796-1, 골든프라자 5층 501호, 502호 도로명주소검색			

물건종별	근린상가	감정가	1,070,000,000원

오늘조회: - 2주누적: - 2주평균: - 조회동향			
구분	입찰기일	최저매각가격	결과
1차	2014-08-11	1,070,000,000원	유찰
	2014-09-03	749,000,000원	변경
2차	2014-11-11	749,000,000원	유찰
	2014-12-09	524,300,000원	변경
3차	2015-02-12	524,300,000원	

대지권	199.07㎡(60.219평)	최저가	(49%) 524,300,000원
건물면적	693.75㎡(209.859평)	보증금	(10%) 52,430,000원
매각물건	토지·건물 일괄매각	소유자	예○○
개시결정	2014-04-07	채무자	예○○
사건명	임의경매	채권자	중구농협

낙찰 : 654,390,000원 (61.16%)
(입찰5명,낙찰○○○ ○○○○ /
차순위금액 627,777,000원)
매각결정기일 : 2015.02.23 - 매각허가결정
대금지급기한 : 2015.05.15
대금납부 2015.05.07 / 배당기일 2015.06.10
배당종결 2015.06.10

사진	건물등기	감정평가서	현황조사서	매각물건명세서	부동산표시목록	기일내역	문건/송달내역
사건내역	전자지도	전자지적도	로드뷰	온나라지도+			

◆ 매각물건현황 (감정원 : 영진감정평가 / 가격시점 : 2014.04.11 / 보존등기일 : 2002.05.24)

목록	구분	사용승인	면적	이용상태	감정가격	기타
건1	운서동 2796-1 (7층중5층 501호)	02.05.22	365.65㎡ (110.61평)	근린생활시설(신공항고시 텔)	399,000,000원	＊개별난방 ＊공부상 "일반음식점"
건2	운서동 2796-1 (7층중5층 502호)	02.05.22	328.1㎡ (99.25평)	근린생활시설(신공항고시 텔)	350,000,000원	＊개별난방 ＊공부상 "의원"

	토지현황		대지권의 목적인 토지		감정가격	기타

운서역 앞에 5~6층 두 개 전 층을 쓰는 고시원으로 이 중 6층이 경매로 나왔다. 내부시설은 약간 오래돼 낡은 편이지만 약간의 리모델링을 거칠 경우 황금알을 낳는 거위로 탈바꿈할 수 있을 것이다. 영종도에 카지노 등 대규모 공사가 계속되고 있어 근로자들의 임시거처 수요가 많아지고 있기에 미래 가치를 고려할 때 매우 좋은 물건이었다.

이 고시텔은 실평수 200여 평의 공간에 총 60개의 객실로 분할돼 있었다. 호실당 임차료는 25만 원 수준이니 만실일 경우 월 1,500만 원은 받을 수 있다. 영종도에 향후 개발 프로젝트가 많은 만큼 은퇴자들이 낙찰받아 운영하면 매우 좋은 물건이다.

△ 신공항 고시텔 전면 모습

당시 이 물건의 낙찰가는 6억 원 중반대였으나, 사업자 대출 받을 경우에 현금 2억 원 정도면 가져올 수 있는 물건이다. 현금 2억여 원을 투자해 각종 비용을 공제하더라도 연 1억 원 정도 수익을 올릴 수 있다면 대박 물건이 아닐까? 만약 1년 만에 투자금 전액을 회수하고 5년 정도 운영하다가 10억 원 근처에 팔면 자본 차익(Capital Gain)과 운용수익(Income Gain)을 동시에 거둘 수 있는 물건이다. 대출 등 자금계획과 운영 플랜까지 다 세워졌는데 아깝게 놓친 물건이다.

　　두 번째 물건은 120여 평의 다가구주택 물건이었다.

소 재 지	인천광역시 중구 운서동	도로명주소검색						
물건종별	다가구(원룸등)	감 정 가	507,897,570원	오늘조회: 1　2주누적: 0　2주평균: 0　조회동향				
토지면적	246.7㎡(74.627평)	최 저 가	(70%) 355,528,000원	구분	입찰기일	최저매각가격	결과
건물면적	407.72㎡(123.335평)	보 증 금	(10%) 35,560,000원	1차	2014-09-05	507,897,570원	유찰
매각물건	토지·건물 일괄매각	소 유 자	망 양서연의 상속인 1. 임지민 외 1명	2차	2014-10-14	355,528,000원	
개시결정	2014-05-23	채 무 자	망 양서연의 상속인 1. 임지민 외 1명	낙찰: 421,000,000원 (82.89%) (입찰14명,낙찰:인천　/ 차순위금액 401,880,000원) 매각결정기일 : 2014.10.21 - 매각허가결정 대금지급기한 : 2014.11.18			
사 건 명	임의경매	채 권 자	고촌농협	대금납부 2014.11.18 / 배당기일 2014.12.23 배당종결 2014.12.23			

　　건축한 지 얼마 되지 않아서인지 건물 외관 상태도 매우 훌륭했고, 1층과 2층, 지하층까지 여러 호수로 분할해, 은퇴 이후 임차인들로부터 받는 월세로 '아침이 여유로운' 노후를 맞이하기에 딱 좋은 집이었다.

△ 인천의 다가구주택 물건

수강생들과 같이 여러 차례 임장도 갔고, 인근 중개업소를 살 살이 뒤지며 여러 번 시세조사도 했지만 정작 입찰장에서는 공격 적인 입찰가를 적어내기 어려웠다. 여러 명이 공동투자로 들어갔 기에 고가 낙찰에 대한 부담이 있었고 영종도라는 입지가 현실적 으로 관리하기 쉽지 않다는 심리적 부담도 은근히 작용한 것 같 다. 입찰자도 14명이나 됐고 결국 80%를 약간 넘긴 좋은 가격으 로 누군가 가져간 매우 좋은 물건이었다. 안타깝지만 나이가 좀 더 들면 영종도 경매시장을 더 적극적으로 공략해야 할 것 같다. 생각의 차이가 부자를 만든다!

SubNote 고시원 낙찰 시 유의점

고시원은 원래 신림동 고시촌과 같이 일정 공간에 경량 칸막이로 구획된 실 안에 학생들이 공부할 수 있는 시설을 갖추고 숙박이나 숙식을 제공하는 곳에서 비롯됐으나, 지금은 학생 외에 직장인, 독신자 등이 숙식하는 공간으로 변모하고 있다. 명칭도 '고시텔, 원룸텔, 리빙텔' 등 다양한 이름으로 불리고 있으나 주택법 적용을 받는 고시원의 변형된 형태일 뿐이다.

1. 각 호실 안 취사시설을 점검해야 한다.
고시원 등 숙박형 다중이용업소는 원칙적으로 독립된 취사시설 설치가 불가능하다. 각 실별로 화장실 설치는 가능하나 취사시설 설치는 불가능하다. 일부 고시원 운영자들은 각 실마다 이동형 쿡탑을 제공해 단속 시 피해나가기도 하나 원칙상 불법이다.

2. 소방시설을 잘 살펴야 한다.
고시원은 수십 명이 숙식하는 공간이기에 화재 등 안전사고가 빈번해 법적 규제가 강하다. 기존 고시원을 낙찰받았을 때는 각 실마다 스프링클러가 제대로 갖추어져 있는지, 복도 폭이 120cm 이상인지 점검해야 한다. 기존 고시원의 경우 2009년 7월부터 신규 내부구조 변경이나 영업주 변경이 있는 경우 간이 스프링클러 설비를 해야 한다. 내부 통로의 폭도 양옆에 구획된 실이 있는 경우에는 150cm 이상, 한쪽 벽만 구획된 실이 있는 경우에는 120cm 이상이어야 한다. 기존 고시원은 복도 폭이 90cm 미만이어도 되나 신규로 내부 구조를 변경 시 120cm 이상으로 설치해야만 한다. 잘못하면 설비비용과 추가 인테리어비로 배보다 배꼽이 더 커질 수 있다.

3. 시설 노후도를 파악하라!
고시원 창업에 뛰어드는 은퇴자들이 많아지면서 최신식 고시원이 계속 생겨나고 있다. 고시원 임차인들은 대부분 한두 달 치의 월세만 내고 입주하는 깔세형이기에 인근에 더 깨끗한 고시원이 생기면 바로 이사해버린다. 영업한 지 10년 이상 된 고시원의 경우 입찰 며칠 전에 임차인으로 들어가 실내 구조와 옵션 등을 사용해보는 등 시설상태를 점검할 필요가 있다. 때로는 공실 상가를 낙찰받아 새로 인테리어하는 편이 나을 수도 있다.

빨래방 카페는
어떨까?

- 부천 상동역과 중동IC 인근의 역세권 상가다.
- 실평수 29평의 1층 상가라 임대나 상가 개발 등 활용할 여지가 많다.
- 중소형 평수의 오피스텔 건물이 주력이라 신혼부부, 미혼 직장인 등을 대상으로 한 빨래방, 커피숍, 어린이집 등 모델로 개발하기 좋다.

불과 몇 년 전부터 워시엔조이, 워시프렌즈 등 '카페형 빨래방'으로 통하는 무인 빨래방 프랜차이즈점이 급증하고 있다. 1인 가구가 급속하게 늘어나면서 진화의 속도도 훨씬 빨라지고 있다.

△ 워시엔조이 인천 만수점 전경

자동차로 늘 달리는 외곽순환도로 중동IC 근처에 1층 상가가 경매로 나왔다. 1층 상가는 수요가 많기에 경매로 잘 나오지 않는다. 고령화 사회로 갈수록 노인들은 계단을 올라다니길 싫어한다. 1층 상가 실평수 29평이면 여러모로 쓸만하다. 인근 중개업소에 들러 시세를 물어보니 당시만 해도 상동역 개통 전이고 외곽순환도로 중동IC에 바로 붙어있는 건물이라 그런지 매우 부정적으로 얘기한다. 그쪽은 유동인구가 적어 매매가가 싸다고만 얘기한다. 얼마를 써야 할까? 1층 상가라 일단 낙찰만 되면 할 만한 사업이 많다. ①셀프 빨래방, ②부동산 중개업소나 법인사무실(일단 15평씩 두 개로 분할 후 각각 임차를 주는 모델), ③ 어린이집·가구점 등에 통으로 임차를 준다.

이 물건은 중동IC에 진입할 때마다 볼 수 있기에 가시성이 좋다. ①24시 셀프 빨래방 간판을 그럴싸하게 제작한다. ②상가 절반인 15평은 카페형으로 꾸미고 나머지 절반은 무인 세탁기와 건조기 등 24시간 돌아가는 셀프 빨래방을 운영하면 수지타산이 맞을 것 같다.

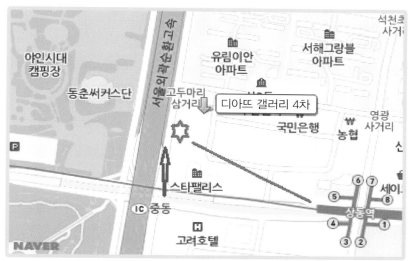

△ 상동역에서는 도보 10분 거리, 외곽순환고속도로 중동IC 진입부에 위치한 1층 건물

△ 디아뜨갤러리 4차 오피스텔 전경

더구나 본 물건이 위치한 디아뜨갤러리 4차 오피스텔은 주변에 유동인구가 많지는 않으나 근 600세대가 거주하는 오피스텔 건물이다. 디아뜨갤러리와 같은 소형 오피스텔의 주요 거주자는 신혼부부나 젊은 독신 1인 가구다. 오피스텔 내에 세탁기가 있긴 하나 너무 작아 이불 등 대형빨래를 하기 힘들다. 주차장이 좋고 젊은 층이 많은 오피스텔 건물이라 셀프 빨래방은 한번 해볼 만한 사업이었다.

상동택지지구 외곽의 상권이 활성화돼 있지 않은 1층 상가니 일단 70% 못 미치게 썼다. 1층 상가라 입찰자가 최소 10명 이상 될 것으로 예상했으나 의외로 입찰자가 7명밖에 안 돼 비교적 수월하게 낙찰받았다. 당시 이 상가는 D가구점이 105호를 비롯해 옆 3개 호수를 모두 통으로 임차 중이었다. 낙찰받자마자 일주일 후에 현장에 쳐들어갔다. 가구점이 장사가 잘되는지 확인도 할 겸. 낮이라 그런지 손님 하나 없는 매장에 불쑥 찾아가니 젊은 직원이 "어서옵쇼" 하며 반가운 얼굴로 맞이한다.

사장을 찾으니 훤칠하게 생긴 호남 스타일의 중년 남자가 나온다. 자초지종을 설명하고 잔금을 치르자마자 바로 이사할 것을 정중하게 부탁하니, 얼굴이 순간 일그러진다. 재빨리 한 단계 더 수위를 높인다. "보름 후 잔금을 치를 예정이며, 잔금 이후부터는 감정가의 0.8%인 300만 원을 임차료로 내셔야 합니다. 아니면 부당이득반환 청구소송을 제기해 연체한 관리비와 월세와 이자까지 청구하겠습니다. 다만 보름 안에 나가주신다면 이사비 100만 원 정도는 드리겠습니다."

필자는 임장 시 상대방을 잘 관찰한다. 상대방의 외모, 입고 있는 옷, 말하는 행동거지 등등. 몇 마디를 나눠보면 대강 어떤 부류의 사람일지, 법적 지식은 어느 정도일지 가늠해볼 수 있다. 가구매장 내 소파 등 가구 가격을 물어보니 웬만한 게 500만 원을 훨씬 넘어간다(내가 살 수 있는 수준이 아니다).

D가구점 사장은 가구업만 아는 전형적인 비즈니스맨이다. 가

만히 얘기를 들어보니 장사가 잘 안돼 그렇지 않아도 2개 호실로 줄여 임차하려 했다는 속내를 드러낸다. 가구점이 3개 호실 전체를 임차했기에 105호 경매에 따른 임차보증금 손해는 전혀 없다! 임차인 중 가장 좋은 케이스다.

경매 관련 지식은 별로 없는 듯싶었다. 주변 지인으로부터 약간씩 코치 받아 낙찰자에게 대응하는 정도다. 이럴수록 더 확실하게 끝을 내야 한다. 최근에 강제집행한 사례와 소송으로 이긴 사례 등등을 얘기하니 약간 기가 죽는 듯했다. 미리 준비해간 이행각서를 슬쩍 내밀었다. 보름 후 잔금 시까지 이사를 나갈 경우 100만 원을 준다는 내용이다. 호남 스타일의 중년 사장은 젊은 직원과 몇 마디 나누더니 흔쾌히 사인한다.

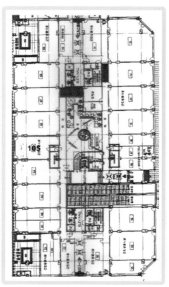

105호를 사진처럼 절반으로 분할한 후 한쪽은 카페로, 나머지 15평은 셀프 빨래방으로 운영하면 근사한 사업모델이 될 것 같다.

낙찰 후 이 물건은 사실 여유가 되면 24시 무인 세탁소를 직접 운영하려고 했다. 당시만 해도 24시간 셀프로 운영되는 무인 세탁소는 없었다. 예전 필자가 미국 연수 중이었을 때 교포들이 동전을 넣으면 무인으로 세탁이 되는 코인 런드리(Coin Laundry)를 운영하는 걸 많이 보았기에 언젠가 한국에 돌아가면 무인 세탁소를 운영해볼 생각이었다. 1층 상가가 30평 정도 크기니 '만약 임차가 잘 안 되면 24시간 셀프 빨래 카페를 만들면 어떨까?' 등의 상상을 하고 낙찰받았다.

그러나 당시 직장을 다니고 있던 때라 사업을 벌일 형편이 안 돼 일단 인근 부동산 중개업소에 임차를 내놓고 추후 개발하기로 계획을 수정했다.

잔금도 치르기 전에 중개업소로부터 연락이 왔다. 어떤 젊은 부부가 어린이집으로 사용할 수 있는 1층 상가를 찾고 있는데 바로 옆 호수인 104호와 합해서 임차하고 싶다고 한다.

계약서를 작성하자마자 임차한 가구점 사장을 찾아가 이사 날짜를 최종 조율했다. 잔금을 치르는 날 바로 이사하기로 했다. 이 물건은 여러 군데 은행에 대출을 타진했더니 비교적 싸게 낙찰받아서인지 90%까지 대출이 나왔다. 어린이집에 보증금 2,000만 원/월세 160만 원 조건으로 계약했더니 실투자금은 1,000만 원 남짓에 불과하다. 잔금 하자마자 명도가 끝났고 보증금도 바로 들어왔다. 이자를 제하고 월세로만 매월 50만 원 이상 들어왔다.

몇 년 후 인근 중개업소에 낙찰 당시 감정가 근처로 내놓았더니 임차 중인 어린이집 부부가 홀딱 잡아갔다. 투입원금이 1,000만 원에 불과한데 3년 동안 매월 받은 월세와 매도차익까지 더하면 수익률이 좋았다. 원금 대비 수익률로 치면 800%가 넘는 것 같다.

퇴직 후 24시 셀프 빨래방으로 인테리어해서 운영해도 충분한 수익률이 나올 것으로 예상됐으나, 임차수익과 매매차익을 모두 거둔 물건이기에 후회는 없다. 투자는 남들보다 한발 빨라야 한다.

지금은 아무리 눈을 씻고 보아도 이런 종류의 1층 상가가 잘 안 나온다. 투자는 타이밍이다.

SubNote 레버리지(Leverage) 투자란?

타인이나 금융기관으로부터 차입한 자본을 가지고 투자해 이익을 내는 것을 레버리지 투자라고 한다. 빌린 돈을 지렛대로 삼아 이익을 창출한다는 의미다. 필요하다면 금융기관의 도움을 받아서 자금 문제를 해결해야 하나 대출에는 이자가 따라 붙기 때문에 주의해야 한다. 이자를 제때 갚지 못하면 신용불량자가 되기도 하고 경매신청을 당하기도 한다.

얼마 전 농구선수 출신 서장훈이 현금 5억여 원을 들여 28억 원 상당의 건물을 매입했는데 현재 230억 원 정도 가치가 나간다는 기사로 화제가 된 적이 있다. 당시 서장훈은 은행대출 20억 원에 보증금 5억 원을 회수해 건물 매입 시 들어간 실제 비용은 5억여 원에 불과했으나 지금은 상가빌딩의 가치가 급등한 것이다.

이처럼 연예인이든 직장인이든 레버리지 투자를 잘만 한다면 비교적 소액으로 큰 수익을 올릴 수가 있다. 레버리지 투자는 동전의 양면과 같아 상황이 좋을 때는 스노우볼처럼 이익을 가져다주지만, 자금흐름이 경색되면 엄청난 부담으로 작용한다. 경매 참여 시 레버리지로 인한 부정적인 결과가 생기지 않도록 신경 써야 하며 계획대로 대출이 잘 나오는지 항상 체크해야 한다. 좋은 물건을 낙찰받고도 예상대로 대출이 되지 않아 자금이 묶이는 경우가 있다. 낙찰되면 이익을 적게 남기고 바로 되팔아야 하는 경우도 있고 기간을 높여 부가가치를 더욱 높여 수익을 극대화하는 경우도 있다. 따라서 레버리지 투자를 잘하려면 대출이자까지 철저하게 계산해야 한다.

수익은 남들이
가지 않는 길에 있다

소재지	경상남도 창원시 마산합포구	지도보기 도로명주소검색			
물건종별	숙박시설	사건접수	2014-10-31(신법적용)	입찰방법	기일입찰
토지면적	278㎡(84.1평)	소 유 자	김방자	감 정 가	542,523,000
건물면적	730.73㎡(221평)	채 무 자	김방자	최 저 가	(64%) 347,214,000
매각물건	토지·건물 일괄매각	채 권 자	남창원농협	보 증 금	(10%) 34,730,000

[입찰진행내용]

구분	입찰기일	최저매각가격	결과
1차	2015-03-26	542,523,000원	유찰
2차	2015-04-23	434,018,000원	유찰
3차	**2015-05-28**	**347,214,000원**	

낙찰 : 383,550,000원 (70.7%)

(입찰1명)

매각결정기일 : 2015.06.04 - 매각허가결정

대금지급기한 : 2015.07.03

대금납부 2015.07.03 / 배당기일 2015.07.23

배당종결 2015.07.23

필자가 운영하던 경매학원에서 꽤 오랫동안 수강하신 김 여사님이 낙찰받은 경남 창원의 모텔이다. 사실 김 여사님이 이 건을 낙찰받을 당시 지방 물건인 데다 일반 투자자들이 접근하기 쉽지 않은 모텔 물건이었다.

김 여사님이 이 물건에 도전할 수 있었던 이유는 어릴 적 살던 동네에 나온 물건이라 이 부근 입지를 그 누구보다도 잘 알고 있었기 때문이다. 친척들이 아직 창원에 그대로 살고 있고 잘 아는 동네라 명도만 잘하면 살릴 자신이 있다고 했다. 당시 실전 재테크반을 운영하셨던 이영삼 박사님 강의를 듣던 중 이 물건을 발견하고는 용감하게 낙찰받으러 내려가셨는데 단독 낙찰이라 약간은 아쉬워하셨다.

△ 경남 창원의 모텔 물건

　　사실 모텔이라기보다 창원 시내 한복판에 위치한 전형적인 모습의 여관이다. 지방여관은 서울로 치면 도시형 생활주택과 같다. 지방의 구도심에는 고시원이 많지 않기에 잘만 개발하면 월세 손님(?)도 많다.

　　낙찰 당시에도 장기 투숙자가 6명이나 있었다. 얼핏 보면 임차인이 6명이나 들어있어 명도가 곤란한 물건으로 보이겠지만 장기 투숙자들이라 보증금과 월세를 받고 재임차를 주면 큰 문제가 안 된다.

경매 초보들은 낙찰받으면 오직 명도에만 골몰한다. 수익형 부동산의 목적은 안정적인 월세를 받는 데 있다. 장기 투숙객들은 불청객이 아니라 오히려 고마운 고객이라 생각하면 마음이 편할 것이다.

건물 구조도를 보면 지하 1층부터 3층까지 4개 층이며 길쭉한 가로모양이다. 오래된 여관이기는 하나 약간의 리모델링만 거치면 대박 물건이 될 수 있다. 당시 김 여사님은 처음 낙찰받았는데 시작부터 용감하게 특수 물건인 모텔부터 도전하셨다. 실평수 84평 정도지만 지하 1층부터 3층까지 객실이 많다. 각 층마다 7개실 이상 되니 웬만한 고시원 부럽지 않다. 김 여사님은 명도 후 1억 원을 더 투자해 지하까지 방을 더 만들어 월수익 1,000만 원 구조로 만들었다. 최근 동네 부동산 중개업소에 10억 원에 매물로 내놓았다고 한다. 월 1,000만 원 이상 버신다고 해서 우리는 지금 김 여사님을 '월천 여사님'이라고 부른다.

숙박시설 경매 낙찰 시 유의점

1. 영업허가권부터 인수하라!

모텔을 낙찰받아 영업할 경우, 이전 주인과 명도 문제로 갈등할 필요는 없다. 이사비로 얼마간의 돈을 주고 영업허가증을 인수하라. 영업허가권이 말소되면 배보다 배꼽이 더 클 수 있다. 공중위생관리법 위반 시 관할 지역 시청으로부터 직권폐업될 수 있고 이 경우 정상적인 모텔영업이 불가능하다.

2. 원룸형으로 리모델링해서 생활형 숙박시설로 운영하라!

도심지 숙박업소 중에는 시설이 낡고 오래돼 수리비용이 많이 드는 데 반해 주변에 새로운 모텔들이 들어설 경우 경쟁이 치열해 매출이 떨어질 수 있다. 이런 숙박업소를 낙찰받아 리모델링하면 새로운 수익을 창출할 수 있다.

일반형 숙박시설은 주변에서 흔히 보는 모텔, 여관 등을 말한다. 생활형 숙박시설은 일반 모텔, 여관에 싱크대 등 취사시설을 설치한 곳을 말한다. 도심지 낡은 여관을 낙찰받아 싱크대를 놓고 1년 이상의 장기 투숙객을 대상으로 영업하면 새로운 수익창출 모델이 될 수 있다.

3. 무인텔로 변경해 운영하라.

모텔에 대한 부정적 인식이나 고객과의 대면 서비스가 번거롭다면 무인텔로 개조해 운영하라.

지하상가는
어떻게 개발할까?

소재지	경기도 부천시 상동 542-3 외 1필지 상동 동양파라곤 제지층 제비01호		지도보기	도로명주소검색	
재산종류	압류재산(캠코)	물건용도	상가용및업무용건물	세부용도	근린생활시설
토지면적	15.4532㎡	건물면적	149.34㎡	배분요구종기	0000-00-00

위치 및 부근현황 : 상동역 남동측 인근내에 위치하며, 차량출입 가능하며, 인근으로 시내버스정류장 및 전철역 등이 소재하여 제반 대중교통사정은 양호합니다.

이용현황 : 근린생활시설 헬스장으로 이용중입니다.

기타 : 해당사항 없음.

입찰 정보(인터넷 입찰)

명도책임 : 매수인

부대조건 : 2016/06/13

입찰번호	회/차	대금납부(기한)	입찰시작 일시~입찰마감 일시	개찰일시 / 매각결정일시	최저입찰가
003	014/001	일시불(30일)	17.04.03 10:00 ~ 17.04.05 17:00	17.04.06 11:00 / 17.04.10 10:00	116,500,000
				낙찰 : 126,000,000원 (108.15%)	
003	015/001	일시불(30일)	17.04.10 10:00 ~ 17.04.12 17:00	17.04.13 11:00 / 17.04.17 10:00	104,850,000
003	016/001	일시불(30일)	17.04.17 10:00 ~ 17.04.19 17:00	17.04.20 11:00 / 17.04.24 10:00	93,200,000
003	017/001	일시불(30일)	17.04.24 10:00 ~ 17.04.26 17:00	17.04.27 11:00 / 17.05.02 10:00	81,550,000
003	018/001	일시불(30일)	17.05.01 10:00 ~ 17.05.02 17:00	17.05.04 11:00 / 17.05.08 10:00	69,900,000
003	019/001	일시불(30일)	17.05.08 10:00 ~ 17.05.10 17:00	17.05.11 11:00 / 17.05.15 10:00	58,250,000

상가 경매에 대한 인기가 급증하면서 갈수록 먹거리(?)가 줄어들고 있다. 경매 정보지에서 점찍어 둔 상가들이 2차로 내려오기도 전에 대부분 100% 이상 대에서 고가 낙찰되고 있다.

　　예전 같으면 전혀 거들떠보지도 않던 지하층 상가도 다시 보게 된다. 동업하는 김 사장님이 낙찰받은 물건이다. 전용면적 45평의 지하 1층 상가다.

　　오피스텔 관리사무소 바로 옆에 자리해 있고, 오피스텔 임차인들이 무료로 이용하는 입주자 공용 헬스장으로 사용되고 있다.

△ 헬스장으로 운영되는 물건

　　도면을 가만히 들여다보면 지하주차장 1층과 연결된 곳이다. 차들이 지하주차장 차단기를 통과하며 지나는 지하주차장과 바로 붙어있기에 실내 공기 질은 썩 좋은 편은 아니다.

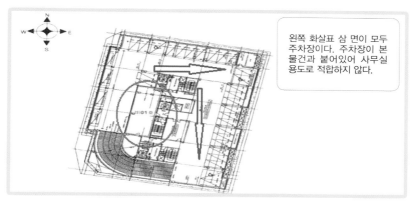

왼쪽 화살표 삼 면이 모두 주차장이다. 주차장이 본 물건과 붙어있어 사무실 용도로 적합하지 않다.

△ 배치도 및 내부 구조도

주차장과 연결된 지하상가라 별로 인기가 없을 듯한데 과연 어떤 식으로 개발해야 할까?

이 물건의 포인트는 다음과 같다.

첫째, 공매라는 점이다.

경매는 인도명령 하나로 간단히 해결되고 대부분 2개월 내 명도가 끝난다. 반면 공매는 임차인이 안 나가고 버틸 경우 명도소송을 진행해야만 한다. 다소 피곤해질 여지가 많다.

둘째, 미납관리비가 1,700만 원 가까이 밀려있다.

관리단과 미납관리비 협상이 불가피하다. 입주자 공용시설인 헬스장으로 사용하고 있기에 소송으로 가도 유리하겠지만 나중에 입주 후 관리단 및 상가 입주자들과 계속 불화를 빚을 가능성이 있다.

셋째, 명도가 힘든 헬스장이다.

임차인이 문제가 아니라 그 무거운 헬스기구들을 모두 다 명도해야 한다. 강제집행할 경우 보관비용까지 비용이 만만치 않게 들어간다. 한 방에 해결할 방법이 없을까?

넷째, 주차장과 붙어있는 지하층인데 만약 부동산 중개업소에 내놓아도 임대가 잘 나가지 않는다면 어떤 식으로 개발해야 할까?

낙찰 후 미납관리비와 헬스장 명도는 동시 패션으로 단칼에 해결했다. "싸울지 말지를 아는 것이 완전한 승리의 지름길이다"라는 손자의 명언처럼 이 물건의 경우 관리단과 불협화음을 빚을 필요는 없다. 지하층이라 임대가 잘 안 나갈 확률이 높기에 상가를 개발해 운영해야 하는데, 이 경우 관리사무소와 불협화음을 빚을 경우 입주 후 계속 피곤해질 것이다.

이러한 판단하에 일단 상가관리단 회장을 만나 체납관리비에 대해 자초지종을 들어보니 입주자대표회에서 공용시설인 헬스장으로 운용해왔기에 소송으로 가도 이길 확률이 높을 것으로 판단됐다. 다만 문제는 무거운 헬스기구들을 어떻게 명도할 것인가? 결론은 입주자 대표회와 미납관리비를 서로 나눠서 내되, 헬스장 기구들은 입주자대표회 측에서 자진 철거해줄 것을 요구했다. 원래 입주자대표회에서 계속 사용해왔기에 승소 확률은 높으나 입주 후 방해행위가 염려됐고 엄청난 양의 헬스장 기구들에 대한 명도가 쉽지 않았기에 관리비를 분납하는 선에서 타협을 봤다.

명도는 생각보다 빨리 끝났으나, 건물 활용문제가 남아있다. 지하주차장과 바로 붙어있는 상가를 과연 어떻게 개발할 것인가? 결국, 이 물건지는 총 40개의 짐 보관창고로 개발됐다.

개발 포인트

- 300세대 규모의 오피스텔 건물이기에 전출입 시 이삿짐 보관 수요가 있음.
- 바로 옆에 홈플러스나 세이브존 등 대규모 쇼핑몰이 몰려있어 여기에 장사하는 상인들의 미니 창고 수요가 있음.
- 상동역 지하철과 인접해있어 소규모 보관물을 이용하려는 수요가 있음.

개발 Point 1

무인정산기가 있는 주차장의 약점을 오히려 고객이 보관 물품을 차량으로 손쉽게 주차한 후 정산까지 가능함을 부각해 홍보하는 등 장점으로 활용.

개발 Point 2

역세권에 위치한 상가임을 감안해 소량의 보관 물품도 이용가능하도록 다양한 타입의 창고를 설계.

개발 Point 3

24시간 무인보관창고인 만큼 고객들이 무섭지 않도록 기존 헬스장에 있던 전면유리들을 철거하지 않고 그대로 재활용.

테마상가를
낙찰받아도 될까?

태산은 한 줌 흙도 사양하지 않기에(泰山不讓土壤)

그렇게 커질 수 있고(故能成其大)

큰 바다는 작은 물줄기도 가리지 않아(河海不擇細流)

그렇게 깊은 것이다(故能就其深)

— 이사(李斯) —

테마상가는 근린상가의 일종으로 대형 매장형 상가를 의미한다. 패션이나 대상 고객을 세분화해 테마를 형성하고 전문화한 매장이다. 1층부터 여러 층을 쇼핑몰 위주로 테마를 정해서 구성한 후 고층 쪽으로는 영화관이나 웨딩홀 등을 배치해둔다. 동대문 밀리오레 등 패션매장 상가나 테크노마트 등 IT 전문상가들이 이에 해당한다.

흔히 대다수 경매 투자가들은 테마상가라고 하면 몸서리치기 쉽다. 대부분 망한 테마상가들이 많기에 감정가가 2억 원이 넘어가도 300만 원까지도 유찰되는 사례가 비일비재하기 때문이다. 중간에 잘못 들어가면 쪽박 찰 수 있다는 인식이 강하다. 그럼에도 경매 투자자라면 꽤 쓸만한 상가가 희귀해지는 이 시절에 물건의 가치를 보는 눈을 게을리해서는 안 될 것이다.

테마상가의 공략 포인트는 1층이나 2층 등 유동 고객이 많이 몰리는 층이다. 그중에 에스컬레이터 인근 숍부터 활성화돼 있기에 임장 시 실제로 걸어보며 고객들의 동선을 잘 파악해야만 한다. 테마상가의 고층부는 주로 영화관이나 전문식당가로 구성, 고객들이 고층으로 올라간 후 천천히 내려오면서 쇼핑을 하도록 매장 배치가 돼있다.

그러나 이러한 건물주의 사려 깊은(?) 의도와는 달리 CGV 등 고층의 영화관 등을 이용한 손님들은 주로 영화를 관람한 후에 엘리베이터를 통해 한꺼번에 빠져나오기 쉽다. 이를 방지하기 위해 상가관리회사는 중간층에 푸드 코트를 넣어서 손님들을 유인하려는 전략을 쓰기도 하나 잘못하면 고층부터 공실이 발생할 확률이 높기에 투자 리스크는 한없이 커진다. 이런 상가들은 사실 경매로밖에는 팔리지 않으며 낙찰가도 바닥을 길 수밖에 없다. 다만 서울중심가의 역세권 테마상가가 경매로 나올 경우 손님들이 많이 몰리는 1층과 2층은 주목할 필요가 있다.

소 재 지	서울특별시 광진구 구의동 546-4, 테크노-마트21 2층 에이016호,에이017호 도로명주소검색						

새 주 소: 서울특별시 광진구 광나루로56길 85, 테크노-마트21 2층 에이016호,에이017호

물건종별	근린상가	감 정 가	163,000,000원
대 지 권	5.3㎡(1.603평)	최 저 가	(64%) 104,320,000원
건물면적	19.98㎡(6.044평)	보 증 금	(10%) 10,440,000원
매각물건	토지·건물 일괄매각	소 유 자	유○○
개시결정	2014-12-22	채 무 자	유○○
사 건 명	임의경매	채 권 자	신안군수협

오늘조회: 1 2주누적: 0 2주평균: 0 조회동향			
구분	입찰기일	최저매각가격	결과
1차	2015-07-20	163,000,000원	유찰
2차	2015-08-24	130,400,000원	유찰
3차	2015-10-05	104,320,000원	

낙찰: 106,100,000원 (65.09%)

(입찰2명,낙찰:(주)그○○○○○○)

매각결정기일: 2015.10.12 - 매각허가결정

대금지급기한: 2015.11.10

대금납부 2015.11.10 / 배당기일 2015.12.18

배당종결 2015.12.18

관련사건 2012타경8967(소유권이전)

사진	건물등기	감정평가서	현황조사서	매각물건명세서	부동산표시목록	기일내역	문건/송달내역
사건내역	전자지도	전자지적도	로드뷰	온나라지도+			

* 매각물건현황(감정원 : 유림감정평가 / 가격시점 : 2015.01.09)

목록	구분	사용승인	면적	이용상태	감정가격	기타
건1	구의동 546-4 (39층중2층 에이016호)	98.08.18	9.99㎡ (3.02평)	판매시설(디지털○○○)	47,000,000원	
건2	구의동 546-4 (39층중2층 에이017호)	98.08.18	9.99㎡ (3.02평)	판매시설(디지털○○○)	51,000,000원	

	토지현황		대지권의 목적인 토지	감정가격	기타
토1	구의동 546-4 (2층 에이016호)		25260.3㎡ 중 2.65㎡	31,000,000원	
토2	구의동 546-4 (2층 에이016호)		25260.3㎡ 중 2.65㎡	34,000,000원	

소액으로 투자할 만한 경매 물건을 검색하던 중 강변역 역세권에 있는 테크노마트 상가 하나가 눈에 띈다. 테크노마트는 용산 전자상가에 이은 서울 동북부의 대표적인 IT 전문 테마상가다. 과거 헬스장의 단체운동으로 건물이 흔들려 유명해진 건물이다. 일전에 이러한 뉴스로 신문에 크게 대서특필됐을 때 경매로 나온 물건이 있으면 낙찰받을까 관심을 기울인 적이 있었다(남들이 불안해

할 때 들어가야 먹을 게 있기 때문이다).

관심이 가는 경매 물건은 2층에 나온 전용 6평의 조그만 상가였다. 보통 때라면 무심코 지나쳤을 물건이나, 2층이라는 데 시선이 갔다. 39층 중 2층이라? 일반상가도 최고의 투자처는 1층이고 그다음이 2층이다. 1층이나 2층은 고층에 비해 유동인구가 많아 활성화돼 있을 확률이 높다. 수강생 중에 테크노마트를 잘 아는 친구가 있어 이것저것 물어보니, 용산전자상가나 테크노마트에서는 1층, 2층이 가장 좋은 자리며, 여기서 장사하는 사람들이라면 누구나 이런 위치를 가장 선호한다고 한다. 매장 위치를 다시 한번 찬찬히 살펴본다. 에스컬레이터 앞자리다. 손님들이 1층에서 2층으로 올라올 경우 에스컬레이터 인근의 상가부터 훑어볼 것이다. 그렇다면 에스컬레이터 전방에 위치한 상가들이 A급 위치다.

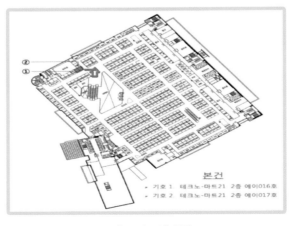

△ 테크노마트 2층 물건

본건은 2층 에스컬레이터를 타고 내리자마자 전방에 보이는 매우 가시성이 뛰어난 위치다. 카메라전문점이 영업하고 있다. 법인 멤버들과 현장에 가보니 상가가 전체적으로 매우 활성화돼 있다는 느낌을 받았다. 강변역과 바로 붙어서인지 이용자들이 많다. 1층부터 7층까지 에스컬레이터로 이동해본다. 예상대로 위층으로 올라갈수록 손님이 적다. 2층은 손님들이 좋아할 만한 카메라, 휴대폰 등의 IT기기 위주 매장으로 배치돼 있는 반면 5~7층 이상은 매우 썰렁하며, 인터넷 위주로 판매하는 매장이 많아 보인다.

그렇다면 4~7층 내 매장에서 장사하는 상인이라면 분명 2~3층으로 내려가길 원할 것이다. 특히 에스컬레이터 앞쪽이라면 누구나 선호하지 않을까?

△ 카메라전문점이 영업하고 있는 물건

에스컬레이터를 타고 물건지를 다시 한 번 둘러보았다. 십여 분간 가만히 살펴보니, 손님 몇 명이 계속 문의하는 모습이 눈에 띈다. 직원 2명이 열심히 설명 중이다(장사가 잘된다. 월세를 올려야겠다?).

감정가 1억 6,000만 원짜리 물건이지만 테마상가라 계속 유찰되고 있다. 이번에 과연 누군가 들어올까? 아무도 안 들어 올 가능성도 있지만, 입점 상인 중 누군가 매장 위치를 바꿔보려고 들어올 수도 있다.

최저가인 1억 430만 원 언저리에 쓰려고 하다가 아무래도 누군가 들어올 것 같아 약간 높여서 1억 610만 원을 썼다. 법인 명의로 들어갔다. 단독입찰로 판단했으나 예상외로 1명이 더 들어왔다. 아마 매장 내부사정을 잘 아는 상인이었을 것이다.

장사가 잘되는 매장임을 확인했기에 낙찰받고 바로 현장에 갔다. 임차인과 몇 마디 나눠보니 필자와 비슷한 연배에 눈매가 선하다. 열심히 일하고 있는 모습이 한눈에 들어온다. 가게 사정이 어렵다고 엄살(?)을 부리고 있으나, 기존 보증금 1,000만 원/월세 70만 원 조건에서 10만 원을 올려본다. 이 조건으로 그냥 계속 임차해도 좋고, 아니면 잔금납부 후 바로 나가셔야 한다고 압박했다. 그렇지 않으면 인근 중개업소에 물건을 내놓고 빨리 다른 임차인을 맞춰야 한다고 하니 다음 주까지 생각해보고 연락을 준다고 했다.

그다음 주에 바로 연락이 왔다. 그 조건으로 임차하겠다고 한다. 잔금을 치르자마자 바로 계약서를 썼다. 밀린 관리비도 없고 바로 월세를 받으니 그럭저럭 쏠쏠하다.

이 상가는 1년 후에 낙찰가 대비 약간의 차익만 보고 팔았다. 법인 멤버 중에 다른 좋은 물건에 투자하자는 의견이 나왔다. 1년 동안 쏠쏠하게 월세를 받았지만 팔기가 어려운 테마상가의 리스크가 있으니 일단 매도하기로 결정했다. 중개업소에 내놓으니 며칠 후 전화가 온다. 2층 에스컬레이터 앞에서 장사하려는 사람들이 많은가 보다. 가격협상도 하지 않고 바로 계약하자고 한다. 다른 상가와 대비해 투자수익률은 그리 높지는 않았지만 좋은 경험을 했다. 남들이 기피하는 물건도 찬찬히 살펴보면 먹거리가 있다.

테마상가라고 무조건 기피할 필요는 없다. 관건은 '테마상가 전체가 죽은 상가로 변할 것인가? 상가 내 매장입지가 어떤 방향으로 흘러갈 것인가?' 등을 잘 관찰해본다면 충분한 임장을 거쳐 투자해도 무방하다고 본다.

얼마 전 테크노마트 인근 부동산 중개업소에 이 물건의 가격을 물어보았다. 지금은 5~7층에 입주한 상인들이 모두 2, 3층으로 내려와 장사하려 하기에 인기가 더 높아 1억 5,000만 원을 호가한다고 한다. 실제 그 가격으로 매도될지는 알 수 없으나 만약 1년만 더 기다렸으면 소액투자로 3,000만 원은 더 벌 수 있었다. 투자는 기다림이다!

– NPL 투자란?
    SubNote) 론세일 방식과 채무인수 방식이란?

– NPL 물건은 어떻게 협상할까?
    SubNote) NPL 매각기일 연장 시 유의점

– 실전 사례 연구 1: 채권최고액을 채워라
    SubNote) 개인회생과 파산이란?

Part 5
좋은 상가는 NPL로 매입하라

- 실전 사례 연구 2: 입찰자 40명을 물리쳐라
  SubNote) NPL 경매 시 배당 연습

- 실전 사례 연구 3:
  지방 모텔은 NPL로 싸게 매입하라
  SubNote) NPL 관련 용어

NPL 투자란?

　4~5년 전부터 상가 경매에서도 투자의 방식이 바뀌고 있다. 법원에 가서 입찰해보면 원하던 물건들의 예상 낙찰가가 훨씬 높다. 10여 년간 상가에만 집중 투자해온 필자로서도 나날이 입찰가가 올라가면서 어느덧 먹거리가 적어지고 있다.

　물건마다 다르긴 하지만 필자는 보통 수익과 낙찰률의 한계 마진을 85%로 잡는다. 사실 낙찰률이 85%를 넘어서면 더 이상 먹을 게 없다. 상가는 등기 시 보통 취득세와 부대비용으로 5%가량 붙기에 85% 이상 낙찰받는 순간부터 매입가는 90%다. 여기에 명도비와 체납관리비까지 고려하면 사실상 100% 언저리에 매입하는 것이다.

　필자가 주로 공략하는 지역인 일산, 부천, 인천 등지의 상가 낙찰률이 3~4년 전부터는 거의 85%를 넘어서게 된다. 이는 수익형 부동산에 대한 인기가 그만큼 높아져 일반인들이 상가 경매에

보다 많이 들어온다는 얘기다. 이럴 때는 투자전법을 달리해야 한다.

높은 낙찰률이 예상될 때 어떤 투자법을 고려해야 할까? 바로 NPL 투자다. 부동산 경매 투자가 경매된 부동산의 '소유권'을 사는 것이라 한다면, NPL 투자는 경매된 부동산의 '저당권'을 사서 수익을 내는 방식이라는 점에서 차이가 있다.

> **부동산 경매 투자 = 경매된 부동산의 '소유권'을 사는 것**

> **NPL(부실채권) 투자 = 경매된 부동산의 '저당권'을 사는 것**

그렇다면 NPL 투자란 도대체 무엇이고 어떻게 해야 할까? NPL(Non Performing Loan, 부실채권)이란 금융기관의 여신거래로 인해 발생한 대출원리금, 지급보증 기타 이에 준하는 채권 중에 채무자의 변제를 기대할 수 없어 회수조치나 관리 방법을 강구할 필요가 있는 채권을 말한다. 통상적으로 대출금과 이자상환이 3개월 이상 연체된 부실채권을 뜻하는 용어다.

은행업감독규정에서는 은행대출의 건전성을 정상, 요주의, 고정, 회수의문, 추정손실 등 5가지로 구분한다.

정상	연체 기간이 1개월 미만으로 신용상태 양호
요주의	연체 기간이 3개월 미만으로 신용상태 악화 가능성
고정	연체 기간이 3개월 이상으로 채권회수에 위험 발생
회수의문	연체 기간이 3개월 이상 1년 미만으로 채권회수에 심각한 위험 발생
추정손실	연체 기간이 1년 이상으로 채무자 상환능력 악화로 손실처리 불가피

'정상'은 연체 기간이 1개월 미만으로 충분히 회수가 가능한 양호한 대출을 말하며, '요주의'는 연체 기간이 1개월 이상 3개월 미만으로 신용상태가 악화될 가능성이 있는 대출을 말한다. 즉 '정상', '요주의' 단계는 담보를 확보해둔 상태로 돈을 회수할 가능성이 있는 대출이다.

'고정'은 연체 기간이 3개월 이상으로 채권회수에 위험이 발생한 대출로 담보가 있어 회수가 가능한 여신이며, '회수의문'은 연체 기간이 3개월 이상 1년 미만으로 대출처의 신용상태가 악화돼 채권회수에 상당한 위험이 발생한 대출을 말한다. 은행 등 금융기관은 '회수의문' 단계부터 경매 절차 등 법적 회수조치를 시작한다. '추정손실'은 연체 기간이 1년 이상으로 사실상 회수가 불가능한 여신을 말한다.

일반 투자자들이 유동화회사로부터 NPL을 매입하는 방법은 다음과 같이 크게 3가지로 나누어볼 수 있다.

① 론세일 방식

유동화회사로부터 근저당권을 완전히 인수해 채권자 지위에서 경매를 진행해 수익을 내는 방식이다. OPB 대비 할인가로 매입, 근저당권을 확보한 후에 채권자 지위를 넘겨받아 경매 절차를 진행하고 이후 배당이나 유입을 통해 수익을 내는 방식이다.

*OPB(Outstanding Principal Balance) : 채권잔존 원금으로 채무자가 현재까지 갚지 못하고 남아있는 채권 원금을 말한다. 예를 들어, 채무자 대출금이 4억 원, 채권최고액이 4억 8,000만 원, 원금 중 5,000만 원이 상환된 경우 OPB는 3억 5,000만 원임.

② 채무인수 방식

채무의 동일성을 유지하면서 그 채무를 그대로 양수인에게 이전하는 방식이다. 통상 유동화회사에 부실채권 매입가의 10%만 내고 계약을 체결한 후에 경매에 참여해 낙찰을 받으면 잔금대출을 통해 소유권을 완전히 이전받는다. 단, 낙찰을 받지 못하면 무효가 되는 계약 방식이다.

채무인수 방식에서는 유동화회사들이 채무인수계약서 조항에 '차액보전' 조건(일명 'Cap' 조건)을 걸어 넣기에 항상 유의해야 한다. 차액보전 조건이란 경매 입찰 당일에 차순위 입찰자의 입찰가를 확인해 채권매각가격과 비교해 그 차액 부분을 추후에 채권양도인(유동화회사)에게 보전하는 것을 말한다.

③ 사후정산 방식

법원의 경매배당 절차가 모두 종료된 후에 채권양도인과 채권양수인이 채권매각과 관련한 대금을 정산하고 채권양도를 하는 방식이다. 이 방식은 론세일 방식과 달리 채권 매입가의 10%만 있으면 채권매입계약을 할 수 있어 초기자금 부담을 줄일 수 있으며 법원에 채권자변경 신고나 질권대출 등을 하지 않아도 되는 절차적 이점이 있다. 그러나 채권양수인이 낙찰을 받지 못할 경우 계약은 성립되지 않고, 낙찰 후 상계처리가 되지 않아 경매 잔금일에 낙찰금액 전부를 납부해야 하는 단점이 있다.

사후정산 방식도 채무인수 방식과 마찬가지로 채권양수도계약서에 단서조항으로 차액보전 규정을 두고 계약하는 경우도 있으므로 계약 내용을 자세히 확인해야 한다.

채권자변경(Loan Sale)	채무자변경(채무인수)	사후정산 조건
근저당권 매입 및 이전 후 채권자 지위로 경매 진행	채권매입금액 약정(경매 입찰 시 일정액 이상으로 약정하고 계약)	법원에 채무인수 신고 않고 잔금 납입, 배당 후 당사자 간 정산
경매 입찰보증금 상계 신청	차순위 차액보전 조항 주의	차순위 차액보전 조항 주의
계약금(20%)+질권대출(80%)	계약금(10%)+입찰보증금(10%)	계약금(10%)+입찰보증금(10%)
법원에 채권자변경 신고	법원에 채무인수승낙서 신고	사전에 NPL 매각 여부 파악이 용이하지 않음(사고 가능성)
3억 원 이상 대부법인만 가능	개인도 투자 가능	금감원 불법 유권해석(사멸)

3~4년 전만 해도 개인이 자산유동화회사에서 론세일이나 채무인수 방식으로 NPL을 사오는 것은 그리 어렵지 않았다. 굿옥션이나 지지옥션 등 경매 사이트에 나와 있는 AMC 담당자에게 전화해 인수가를 타진하면 개인도 NPL을 사서 충분히 수익을 올릴 수 있었다. 그러나 NPL 투자도 일반인들이 많이 참여하면서 '돈 넣고 돈 먹기' 게임이 되는 등 이전투구 현상이 더 심해졌다. 교육생으로부터 수백억 원의 투자금을 받은 NPL 강사가 먹튀 하는 등 사고가 빈발하고 있다.

금감원은 2016년 7월 25일부터 아예 개인들의 NPL 시장 투자 진입을 막고 자본금 3억 원 이상의 대부법인에게만 NPL 거래를 허용토록 했다. 물론 그 이면에는 세무당국의 세원 확보이유가 더 클 것이다.

채권자변경신고서

사건번호:
채권자:
채무자:
소유자:
채권양수인:

위 사건에 대하여 신청인 채권양수인 ○○○는 채권자 ○○○○유동화전문유한회사와 2017년 ○월 ○○일 근저당권부 채권양도양수계약을 체결하고 위 사건에 관한 근저당권(○○○○법원 ○○지원 등기과 2017년 ○월 ○○일 접수 제○○○○호) 및 근저당권부 채권 전부를 양수받았고, ○○○○법원 ○○지원 등기과 2017년 ○○월 ○○일 접수 제○○○○호로 근저당권이전 등기를 경료하였으므로 이에 채권자변경 신고를 제출하는 바입니다.

첨부 서류

1. 근저당권부 채권양도·양수계약서
1. 근저당권부 채권양도통지서
1. 부동산 등기부등본
1. 위임장

○○○○년 ○○월 ○○일
위 채권양수인 ○○○ (인)

○○○○법원 ○○지원 귀중

채무인수승낙서

사건번호:
채권자:
채무자:

귀원 OOOO타경OOO호 부동산 임의(강제)경매 사건에 있어서 경매 목적물의 채무를 귀하가 매수하고 그 매수대금으로 1번 근저당(접수번호:)권을 채권자로부터 채무자가 부담하는 다음 채무를 인수하여 매수대금 일부의 지급에 갈음할 것을 승낙합니다.

– 다음 –

근저당권 1번 접수번호
금 250,000,000원 및 2000.OO.OO.부터 2000.OO.OO.까지 연 15%의 비율에 의한 지연 손해금(1번 근저당권)

첨부 서류

1. 채권자 인감증명서 1통

OOOO년 OO월 OO일

위 채권자 주식회사 OOO유동화유한전문회사

대표: OOO (인감날인)

매수인: ○ ○ ○ 귀하

SubNote 론세일 방식과 채무인수 방식이란?

1. 론세일(Loan Sale) 방식

론(Loan)은 대출채권을 의미하고 세일(Sale)은 판매한다는 뜻이다. 부실화된 근저당권 소유권을 매입하는 방식으로 채권양수인이 채권자의 권리를 가지는 것이다. 론세일 방식은 근저당권 매입 시 등기부등본에 매입자의 이름이 기록되고 등기원인에 확정채권양도가 표시되므로 법적인 보호를 받을 수 있다. 또한 채권자로서 경매신청 또는 취하가 가능하고 채무자에게 대출금상환을 요구할 수도 있고 타인에게 재매각할 수도 있다.

론세일 방식으로 투자할 경우 수익 방법은 크게 세 가지다.

첫째, 배당투자다. 법원에 채권자변경 신고를 한 후 경매낙찰 후 배당기일 날 매각대금에서 배당금을 지급받는 방식으로 수익을 낸다.

둘째, 유입투자다. NPL 채권자가 경매에 참여해 직접 낙찰받는 방식이다.

셋째, 채권을 재매각해 수익을 내는 방식이다. NPL 물건에 관심이 있는 제3자에게 수익을 남기고 매각하는 방식이다.

2. 채무인수 방식

10% 계약금을 내고 부실채권의 권리 중 일부만 조건부로 양도받는 방식이다. 채무인수 투자자는 반드시 경매에 입찰해 낙찰을 받아야 계약이 유효하다. 낙찰받지 못하면 계약은 해지되고 계약금은 투자자에게 환불된다.

채무인수
계약 ▶ 경매
낙찰 ▶ 채무인수승낙서
법원 제출 ▶ 소유권
이전 ▶ 경락잔금대출로
잔금 지급

NPL 물건은
어떻게 협상할까?

　NPL의 여러 가지 투자 방식은 알겠는데 그렇다면 구체적으로 어떤 물건을 선정해야 하고 어떤 식으로 투자해야 할까?

　첫째, 굿옥션·지지옥션·스피드옥션 등 경매 유료 정보지에서 경매 사건을 검색한 후에 해당 물건에 나와 있는 자산관리자(AM, Asset Manager) 담당자 연락처로 전화한 후 매수 의향을 타진해본다. 일반적으로 유동화 회사들이 굿옥션 등 유료정보지에 특정 경매 사건마다 담당 연락처를 올리기 위해서는 돈을 내야 하기에 모든 사건마다 유동화회사 AM 담당 연락처가 기재돼 있지는 않다. 유치권 신고 등으로 채권매각이 용이하지 않은 물건들 위주로 AM 담당자 연락처가 기재돼 있기 마련이다. 이러한 물건일수록 유동화회사 AM들이 팔고 싶어한다는 점을 고려해 매수가격 협상에 임하면 협상이 용이할 수 있다. 유동화회사들은 인기 있는 역세권 아파트나 상가 NPL 물건은 가만히 내버려두어도 거의 100% 채권회수를 하기에 절대로 팔지 않음을 명심해야 한다.

주의사항	☞유치권신고 있음. - 유치권자 　의 유치권신고서(2014.12.4자, 　　　원)가 접수되었고, 채권자로부터 15 0원의 유익비상환청구권을 피담보채권으로 하는 부분을 초과하여서는 존재하지 아니한다는 이 법원 2015가합：　　　 확정판결 이 제출됨
전문가멘트	** 본 건은 유치권신고가 된 경매물건입니다. 기본적인 성립요건과 조사방법, 대처방법 등은 등기부 요약란 아래의 유치권/법 정지상권 버튼을 눌러 참고하시기 바랍니다. 본 건에서 구체적으로 검토하여야 할 사항은 다음과 같습니다. ** 법원자료를 보면 유치권신고자가 점유하고 있고 유치권존재확인판결 있는 것으로 기술되어 있습니다. 이 점을 반□영하여 입찰계획을 세우되 협상 가능성 여부는 사전에 조사하는 것이 좋겠습니다.
자산운용 부실채권상담	채권담당자：＿ ＿（☎ 02-3774-　　） 　　　　　　　　　　　　저당금액：-원 / 협의금액：협의

△ 굿옥션 정보지의 유동화회사 AM 연락처 기재 사례

둘째, 굿옥션·지지옥션 등 유료 경매 정보지에 유동화회사의 AM 연락처가 기재되어 있지 않을 경우, 해당 물건의 채권자를 살펴본다. 국민은행 등 1금융권에서 '제○○차유동화회사'로 변경돼 있는지를 살펴본다. 예를 들어, 굿옥션 정보지에 나와 있는 다음 물건을 살펴보자. 채권자가 국민은행의 양수인 '에이피제3비유동화전문유한회사'로 돼있다.

이 경우, 금융감독원 전자공시시스템(DART)에 접속해본다. 대형 유동화회사들은 자신들이 매입한 부실채권을 공시해야만 하기에 검색란에서 유동화 회사의 이름을 치면 담당자 전화번호를 쉽게 파악할 수 있다.

△ 금융감독원 전자공시시스템 홈페이지 화면

다음처럼 유동화회사의 이름을 정확히 치면 기업개황 정보가 나온다. 여기에 적힌 전화번호로 연락해 해당 경매 물건 사건번호를 불러주면 담당 자산관리자(AM)와 통화할 수 있다.

통상적으로 자산관리자(AM)들은 해당 물건 가격 협상 시 먼저 구체적인 가격 제시를 하지 않는다. 투자자에게 먼저 특정 매입가를 제시하라고 물어본다. AM과의 통화에서 만약 '매각이 불가하다'는 답변이 나오면 구체적으로 매입 가능한 금액이나 가이드라인 금액을 알려줄 것을 요구해본다. AM들은 몇 차례 가격 협상 시 투자자가 자신들이 원하는 매각가격 근사치를 제시할 경우 매수의향서를 제출하라고 한다. 부동산 경매 명도와 마찬가지로 NPL 투자협상도 상대방의 의중을 읽고 대처하는 협상의 노하우가 필요함은 너무나 당연하다.

매수의향서

수신: ○○○○제이차유동화전문유한회사

귀사의 아래 자산에 대하여 매수하고자 하오니 검토하여 주시기 바랍니다.

아래

1. 사건: 서울 남부법원 2017타경○○○ 부동산 임의경매

2. 자산의 정보
– 자산의 주소:
– 매물의 유형: 상가

3. 매수 조건
– 매수금액 금 ○○○○원(₩   원)
– 매수 방법 론세일 채권매매계약
– 세부 조건
　가) 제1순위 채권보다 선순위 채권은 매도인이 부담키로 한다.
　나) 계약금: 매수금액의 10% 계약일에 지급한다.
　다) 잔금: 계약일로부터 30일 이내에 지급한다.
　라) 경매비용환급금은 채권양수인 몫으로 한다.

○○○○년 ○○월 ○○일
매수 제안자: 전병수 ㈜라첼자산대부 대표이사 (인)
주소: ○○○ ○○○ ○○○

셋째, 유암코(UAMCO), 대신AMC, 한국자산관리공사(KAMCO) 등 유동화회사 홈페이지에 들어가 추천 물건들을 검색해본다.

△ 유암코 홈페이지 화면(http://www.uamco.co.kr)

△ 대신에이엠씨 홈페이지 화면(http://www.daishinamc.com)

넷째, 저축은행·신협·새마을금고를 찾아가 직접 NPL 물건 매입을 타진한다. 물론 NPL 투자자는 3억 원 이상 대부법인 임원이어야 한다. 저축은행 등 2금융권 은행들은 부실채권을 개별 매각하는 사례가 종종 발생하기에 실제 은행 대부계를 방문해 대부법인 명함을 제시하고 부실채권 매입 의사를 타진한다. 통상적으로 1금융권 부실채권의 연체이율은 12~18% 사이인 반면, 2금융권 부실채권은 연체이율이 20~25% 정도 되기에 실제 NPL 배당투자로 연결될 경우 수익이 클 수밖에 없다.

SubNote NPL 매각기일 연장 시 유의점

채권최고액이 다 채워지지 않은 NPL을 론세일 방법으로 매입한 양수인은 양수 이후부터 배당기일까지 금융기관의 연체이자를 승계해서 수익을 얻는다. 보통 NPL 투자자는 해당 경매 건에 대한 NPL을 할인가격으로 매입해 질권대출 금융기관(저축은행)을 물색해 질권설정 계약을 맺은 후 채권최고액이 찰 때까지 연체이자 수익을 위해 해당 경매 사건 법원에 매각기일 연장(변경) 신청을 한다.

대부분의 법원들은 NPL 채권자가 경매 연기를 신청할 경우, 2회까지는 경매 매각기일을 연장해준다. 만약 NPL 채권자의 경매 매각기일 연기 신청이 2회까지 받아들여질 경우 약 4달간의 시간을 벌게 되며 연체이자까지 모두 받아낼 수 있다. 그러나 모든 법원들이 NPL 채권자의 매각기일 연장요청을 받아주지는 않고 있으며, 각 법원별로 매각기일 연장에 대한 입장이 상이함에 주의해야 한다.

수도권에서 의정부지방법원(고양지원 포함)은 경매 연기 신청을 잘 받아주는 편이다. 서울중앙지법도 원칙대로 경매 연기를 2회 정도까지는 잘 받아준다. 그러나 인천지방법원은 경매 매각기일 연기를 잘 받아주지 않는다. 경매 절차를 신속하게 진행한다는 명목하에 채무자 동의서를 받아오도록 요구하는 등 특별한 사유가 없으면 연기를 잘 안 해준다. 필자도 3년 전에 유동화회사에서 NPL 채권을 론세일로 매입한 후에 인천지방법원에서 채권자변경을 마친 후 매각기일 변경 신청까지 했지만, 경매계장이 잘 받아들여 주지 않아 승강이를 벌이는 등 낭패를 겪은 적이 있었다. 당시에는 담당 경매계장의 성향 때문이라고 생각했으나, 후에 다른 NPL 투자자로부터 인천지방법원 전체적으로 매각기일 연장요청이 잘 받아들여지지 않으니 유의해야 한다는 말을 들었다.

지방에서는 대전지방법원의 경우 연체이자 청구를 포기하는 조건으로 경매 연기 신청을 받아주고 있다. 이처럼 경매 절차를 신속하게 진행시키기 위해서 경매 연기를 불허하는 법원이 점차 늘고 있으니 NPL 투자자라면 매각기일 연장 신청 거부에 신경써야 한다.

매각기일 연기(변경) 신청서

사건번호: ○○○○타경○○○○ 부동산 강제(임의)경매
채권자: ○○○○○○○유동화전문유한회사
채무자: ○○○
소유자: ○○○

위 사건에 관하여 매각기일이 2018.○○.○○.로 잡혀있으나 아래와 같은 사유로 위 매각기일의 연기(변경) 신청을 하오니 허락하여 주시기 바랍니다.

아래

연기(변경)사유 : '○○○○타경○○○호' 부동산 임의경매 신청 사건과 관련하여 채권자는 채무자 측의 허위유치권 신고로 해당 경매 건이 계속 유찰되는 등 저가낙찰로 인한 근저당 채권의 배당액 손실이 발생될 수 있으므로, 유치권부존재 확인소송 등을 통해 확정판결을 받아 제출할 때까지 본건의 매각기일을 추후 지정하여 주시기를 신청합니다.

첨부자료: 유치권자 권리신고서

2018년 ○○월 ○○일

위 신청인: (날인 서명)
주소:
연락처:

실전 사례 연구 1
채권최고액을 채워라

　　다음 물건은 필자가 경매학원을 운영할 당시 수강생이 낙찰받
은 물건이다. 당시 상가 경매 강의 때마다 NPL 투자가 대세라고
줄기차게 강조했더니 오랫동안 강의를 들어온 수강생 한 분에게
서 어느 날 문득 전화가 왔다. 부천 상동역 부근의 상가 경매 물
건이 나왔길래 필자도 관심을 둔 물건이었는데 이분이 벌써 NPL
을 매입한 것이었다. 그런데 NPL 공부가 제대로 안 돼 있는 상태
에서 일단 '부딪히며 배우자'는 심정으로 이 물건에 너무 욕심내는
바람에 턱없이 비싸게 매입한 것 같다며 상담을 의뢰했다.

| 소재지 | 경기도 부천시 원미구 상동 545-2 외 3필지, | | | |
| 새 주소 | 경기도 부천시 원미구 소향로13번길 28-14, | | | |

도로명주소검색

오늘조회: 1 2주누적: 0 2주평균: 0 조회동향

물건종별	근린상가	감정가	553,000,000원
대지권	65.787m²(19.901평)	최저가	(70%) 387,100,000원
건물면적	307.681m²(93.074평)	보증금	(10%) 38,710,000원
매각물건	토지·건물 일괄매각	소유자	허
개시결정	2016-03-30	채무자	허
사건명	임의경매	채권자	이

구분	입찰기일	최저매각가격	결과
1차	2016-07-14	553,000,000원	유찰
	2016-08-18	387,100,000원	변경
2차	2016-12-08	387,100,000원	

낙찰: 553,180,000원 (100.03%)
(입찰14명,낙찰:정
차순위금액 531,100,000원)
매각결정기일 : 2016.12.15 - 매각허가결정
대금지급기한 : 2017.01.13
대금납부 2017.01.13 / 배당기일 2017.02.09
배당종결 2017.02.09

사진 필체보기 ✔

| 사진 | 건물등기 | 감정평가서 | 현황조사서 | 매각물건명세서 | 부동산표시목록 | 기일내역 | 문건/송달내역 |
| 사건내역 | 전자지도 | 전자지적도 | 로드뷰 | 온나라지도+ | | | |

● **매각물건현황**(감정원 : 서해감정평가 / 가격시점: 2016.04.06)

목록	구분	사용승인	면적	이용상태	감정가격	기타
건물	8층중 4층	02.09.09	307.681m² (93.07평)	근린생활시설(준복싱클럽)	409,220,000원	
토지	대지권		2218.4m² 중 65.7874m²		143,780,000원	

현황
위치
* "상동역" 남서측 인근에 위치하며, 주위는 근린생활시설, 업무시설 및 위락시설 등이 소재하는 지역으로서 제반입지조건은 보통임.
* 본건까지 차량통행이 가능하며, 인근에 버스정류장 및 7호선 상동역이 소재하는 바 대중교통사정은 양호함.
* 대체로 사다리형 4필1단의 토지로서 근린생활시설, 업무시설 및 위락시설 건부지로 이용중임.
* 본건 북측으로 노폭 약 20M 포장된 도로와 접하며 동측 및 남측으로 각각 노폭 약10M 보행자전용도로와 접함.

　　나중에 이분 얘기를 들어보니, 필자의 소호 사무실 바로 맞은
편 상가임을 알고 유동화회사에 접근해 NPL 채권을 샀다는 것이
다. 당시 필자의 학원에서 NPL 강의를 하시던 김동부 교수님이
갑자기 전화하셔서 "원장님이 이 물건을 코치했냐"고 물어봐서
상당히 당황했던 기억이 있다.

물론 필자가 코치한 적은 없다. 이분이 NPL로 매입한 사실조차 몰랐지만, 학원의 단골 수강생이라 결국 필자가 아는 범위 내에서 최선의 방향을 일러주곤 했다. 일단 물건지부터 분석해보자.

7호선 상동역에서 도보로 10분 내에 위치한 역세권 건물로 당시 복싱장으로 운영되고 있었다. 예전 같으면 복싱장이라 명도 난이도가 높아 꺼리는 입찰자들이 많았지만, 지금은 경매 물건 자체가 워낙 귀하기에 고가 낙찰이 속출한다.

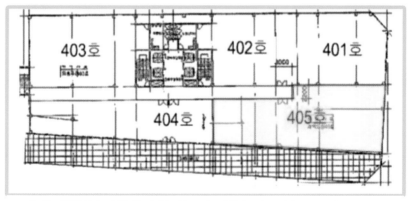

△ 가로형 길쭉한 상가로 분할 후 임대할 경우 수익률이 훨씬 좋을 것이다. 상가 전면의 30평 발코니는 덤이다!

내부 도면을 살펴보면 남향으로 긴 가로형 모양이다. 분할 후 임대하면 수익률이 높은 가장 이상적인 상가 모양이다. 게다가 30평 정도 발코니 공간이 여분으로 있다. 잘만 활용하면 임차인 휴식공간으로 세팅하기 좋다. 나중에 이 수강생 얘기를 들어보니 "원장님 소호 사무실 맞은편이라 입지분석은 문제가 없을 것 같고 명도 후에 소호 사무실로 인테리어할 생각이었다"고 한다.

그런데 유동화회사 직원에게 접근해 론세일 방식으로 사왔는데 아무래도 너무 높게 인수한 것 같다는 것이다. 청구금액보다 약간 더 주고 3억 원대 후반에 인수한 것으로 보이는데 필자가 판단하기에 그 당시 경매 낙찰률로 봐서는 너무 높은 가격으로 매입했었기에 배당보다 유입 방식으로 접근해야 수익이 나는 구조였다.

당시 부천 상동 일대 평균 경매 낙찰률로 볼 때 4억 원대 초반에 낙찰될 확률이 높으니 만약 NPL 유입이 아니라 배당 방식으로 차익을 기대했었다면 분명히 투자 실패 케이스였을 것이다. 다만 NPL 채권최고액이 OPB(채권 원금 잔존액) 대비 상당히 많이 남아있고 상동 일대 상가 경매의 인기가 계속 올라가고 있는 추이인 점을 감안해 최대한 시간을 끄는 방법이 그나마 최선책이라고 일러주긴 했다.

이분은 NPL 투자 방식을 전혀 모르는 상태에서 배우자는 입장에서 접근했다고 한다. 설령 손실이 날지라도 때로는 이러한 접근 방식이 NPL 투자법을 제대로 배우게 되는 최선의 방식일 수 있다. 필자의 수강생 중 누군가는 1년 내내 여러 학원에서 NPL 수업을 들어봤지만, 아직도 무슨 말인지 모른다고 한다. 실전 한 건이 책 100권을 읽는 것보다 나을 수 있다. 실전을 해보면 이론 서에 나오지 않는 다양한 리스크가 발생한다. 이를 헤쳐 나가는 건 결국 투자자의 몫이다.

건물등기부를 살펴보면 이분이 NPL을 인수했을 때가 2015년 4월경이었는데 이후 여러 차례 채권자변경 신청을 통해 경매를 최대한 지연시키는 데 성공했음을 알 수 있다. 배당일자가 2017년 2월 말이니 근 2년을 끌어왔음을 알 수 있다.

▶ 등기부현황 (채권액합계 : 867,378,197원)

No	접수	권리종류	권리자	채권금액	비고	소멸여부
1(갑2)	2002.09.12	공유자전원지분전부이전	허		매매	
2(을1)	2002.09.13	근저당	이	431,600,000원	말소기준등기 확정채권양도전: 에이 피제3에이유동화전문유 한회사	소멸
3(을2)	2003.09.15	근저당	이	431,600,000원		소멸
4(갑15)	2014.09.11	가압류	신한카드(주)	4,178,197원	2014카단10478	소멸
5(갑17)	2014.10.27	압류	부천시원미구			소멸
6(갑18)	2015.02.05	압류	국민건강보험공단			소멸
7(갑19)	2015.05.01	압류	경기도부천시			소멸
8(갑21)	2015.11.03	압류	부천세무서			소멸
9(갑22)	2016.03.30	임의경매	이	청구금액: 382,626,448원	2016타경2579	소멸

근 2년간 4억 3,160만 원의 채권최고액을 다 채우기 위해 수 차례의 채권자변경을 거친 후 결국 경매 취하까지 시켰다. NPL 채권자로 누릴 수 있는 마땅한 권리다. 경매 취하를 시킨 후 부동 산 호황기를 기다렸다가 기회가 왔을 때 다시 경매를 집어넣는 것

것이다. 다만 경매 취하 시 최대 리스크는 채무자의 개인회생이나 파산신청으로 경매 절차가 지연되는 것이다. 이분도 경매 취하 후 10개월 정도 경과한 시점에 채무자의 변호사로부터 "채무자의 개인회생 신청에 동의해주겠냐?"는 전화를 받고 부랴부랴 경매를 다시 속행시켰다고 한다.

결국, 이분은 NPL 매입부터 경매 낙찰 이후 최종 배당까지 근 2년을 속앓이하긴 했지만 결과는 해피엔딩으로 끝났다. 낙찰가가 85% 미만일 경우 손해 볼 여지도 있었으나 예상외로 100% 넘게 낙찰된 것이다. 근 2년 동안 투입한 질권대출 이자와 그간의 마음고생까지 쉽지 않은 투자였지만 이 물건에서만 5,000만 원 이상의 수익이 났다고 한다. 낙찰자나 채권자나 모두 다 해피한 케이스다.

운 나쁜 사람은 뒤로 넘어져도 코가 깨지고 운 좋은 사람은 실수를 해도 큰 복으로 돌아온다. 아무래도 재테크도 운칠기삼(運七技三)이 맞는 것 같다. 물론 자신의 재물운은 예단할 수 없기에 그 이전에 끊임없이 기술을 연마해야 할 것이다.

"행운은 노력이 지나간 자리에 찾아오는 손님이다."

SubNote 개인회생과 파산이란?

개인회생이란 지급불능 상태에 있는 사람이 일정 소득이 발생한 경우 5년간 일정한 금액을 변제하면 잔여 채무를 면제받는 제도다. 개인회생은 채무자의 효율적 회생과 함께 채권자의 이익을 추구하기 위한 제도다. 재정적 어려움에 처한 개인 채무자 중 3~5년간 지속적 또는 반복적으로 수입을 얻을 가능성이 있는 자에 대해 채권자 등 이해관계인의 법률관계를 조정하는 과정으로 이뤄진다. 다만 NPL 경매에서는 채무자가 개인회생을 신청할 경우 경매 절차는 중지되고 채권회수도 그만큼 지연될 수 있는 위험이 있다.

개인파산은 개인이 채무를 변제할 수 없는 상태에 빠진 경우에 그 채무의 정리를 위해서 스스로 개인파산 신청하는 것을 의미한다. 목적은 채권자가 평등하게 채권을 변제받도록 보장하면서, 채무자에게 면책 절차를 통해 경제적으로 재기할 기회를 부여하기 위한 것이다.

개인회생제도와 개인파산 신청은 변제능력이 없는 사람을 도와 경제 및 사회 활동을 다시 원활하게 할 기회를 마련해준다는 측면에서 비슷하지만, 일정한 차이가 있다. 개인이 파산선고를 받으면 사회적·법적 불이익을 면하기 힘들다. 파산이 선고되면 공무원이나 사립학교 교원은 될 수 없는 등 여러 가지 법률상 제약이 있다. 하지만 개인파산 절차가 끝난 후 면책 절차를 통해 경제적으로 재기 및 갱생할 수 있는 기회는 부여된다.

개인회생의 경우 파산선고로 인한 불이익은 없으나, 개인회생 절차 개시 결정 이후 일정 기간 동안 차후의 소득까지도 채무변제에 사용해야 나머지 금액도 면책이 가능하다. NPL 채권자의 경우, 경매 낙찰 후 채권최고액이 다 차지 않아 미배당 채권액이 잔존할 수 있다. 이 경우 NPL 채권자는 미배당 채권 회수를 위한 소송을 제기할 수도 있고, 만약 채무자가 개인회생을 신청할 경우 채무탕감(70~80% 정도)에 동의해주고 일부 금액만 변제받을 수 있다.

실전 사례 연구 2
입찰자 40명을 물리쳐라

2015년 4월, 전국 법원 경매에서 가장 많은 응찰자 수를 기록한 사무실에 대한 기사가 나왔다. 인천 갈산동에 소재한 70평대 상가인데 한전 자회사가 입주해있었다. 월세 240만 원을 내고 있는 튼튼한 한전 자회사가 입주해있기에 안정된 월세 수입을 기대하는 베이비부머 은퇴자들이 경매 입찰에 많이 몰렸다. 아파트도 아니고 상가 경매에 무려 40명이나 입찰했다. 입찰가가 3차까지 저감된 상태라 투자자들이 더 몰린 것 같다.

2014타경41249   • 인천지방법원 본원 • 매각기일 : 2015.04.06.(月) (10:00) • 경매 1계(전화:032-860-1601)

소재지	인천광역시 부평구 갈산동 171-45, 갈산홈프라자 3층 305호,305-1호 도로명주소검색		
물건종별	근린상가	감정가	525,000,000원
대지권	89.127㎡(26.961평)	최저가	(49%) 257,250,000원
건물면적	242㎡(73.205평)	보증금	(10%) 25,730,000원
매각물건	토지·건물 일괄매각	소유자	이주동
개시결정	2014-06-09	채무자	이주동
사건명	임의경매	채권자	에이피제이차유동화전문유한회사(양도인:국민은행)

오늘조회: **1** 2주누적: **3** 2주평균: **0** 조회동향

구분	입찰기일	최저매각가격	결과
1차	2014-12-18	525,000,000원	유찰
2차	2015-01-21	367,500,000원	유찰
	2015-02-27	257,250,000원	변경
3차	**2015-04-06**	257,250,000원	

낙찰 : **403,750,000원** (76.9%)

(입찰40명,낙찰:인천 김   /
차순위금액 393,150,000원)

매각결정기일 : 2015.04.13 - 매각허가결정

대금지급기한 : 2015.05.11

대금납부 2015.04.29 / 배당기일 2015.06.10

배당종결 2015.06.10

사진	건물등기	감정평가서	현황조사서	매각물건명세서	부동산표시목록	기일내역	문건/송달내역
사건내역	전자지도	전자지적도	로드뷰		온나라지도+		

◉ 매각물건현황(감정원 : 에이원감정평가 / 가격시점 : 2014.06.17 / 보존등기일 : 2002.11.08)

목록	구분	사용승인	면적	이용상태	감정가격	기타
건1	갈산동 171-45 (5층중3층 305호)	02.11.02	225.72㎡ (68.28평)	사무소(한전산업개발주식회사 부평지점)	350,000,000원	
건2	갈산동 171-45 (5층중3층 305-1호)	02.11.02	16.28㎡ (4.92평)	사무소(한전산업개발주식회사 부평지점)	17,500,000원	
	토지현황		대지권의 목적인 토지현황		감정가격	기타
토1	갈산동 171-45 (3층 305호)		2313.9㎡ 중 83.131㎡		150,000,000원	
토2	갈산동 171-45 (3층 305-1호)		2313.9㎡ 중 5.996㎡		7,500,000원	

현황 위치	* 갈산역 동측 인근에 위치, 부근은 단독주택, 다세대주택, 아파트단지를 배후로 각종 근린생활시설, 공장 등으로 형성된 지역임 * 본건까지 차량접근이 가능하며 간선도로변에 위치하여 제반 교통사정은 양호함 * 인접도로와 등고평탄한 가로 장방형의 토지로서, 근린생활시설 부지로 이용되고 있음 * 본건 동측 및 북측으로 각각 노폭 약 20미터, 6미터의 포장도로와 접함
참고사항	* 305-1호는 일체로 사무소로 이용중임(305-1호는 별도로 구획이 되어 있으나 305호에서 출입이 가능함).

◉ 임차인현황 (말소기준권리 : 2012.07.27 / 배당요구종기일 : 2014.08.21)

임차인	점유부분	전입/확정/배당	보증금/차임	대항력	배당예상금액	기타
한전산업개발(주)부평지점	사무실	사업자등록:미상 확 정 일:미상 배당요구일:2014.08.04	보25,000,000원 월2,400,000원 환산26,500만원		배당금 없음	점유:2013.06.01
기타사항	☞ 본건 현황조사차 현장에 임하여 임차인인 한전산업개발주식회사 부평지점의 관리부장 이윤수를 면대한 바, 본건 부동산(1,2은 한전산업개발주식회사 부평지점과 같은회사 노동조합 부평지회가 임차하여 점유 사용하고 있다고 진술함. ☞위 회사 직원 이윤수에게 본건 부동산에 전입세대와 등록사항 열람결과 임차인이 존재하지 않음을 고지한 바 위 회사에서 별도로 채권확보를 해 두었다고 진술하면서 구체적인 임차내용을 알려주지 아니함.					

No	접수	권리종류	권리자	채권금액	비고	소멸여부
1(갑3)	2012.07.27	소유권이전(매매)	이주동			
2(을6)	2012.07.27	근저당	국민은행 (반포중앙지점)	466,800,000원	말소기준등기	소멸
3(갑4)	2013.11.12	압류	인천광역시부평구			소멸
4(갑5)	2013.12.30	압류	북인천세무서			소멸
5(갑6)	2014.03.21	압류	국민건강보험공단			소멸
6(갑7)	2014.06.09	임의경매	국민은행 (여신관리센터)	청구금액: 394,033,187원	2014타경41249	소멸

* 등기부현황 (채권액합계 : 466,800,000원)

이 물건은 김동부 교수님의 NPL 수업을 들은 김 사장님이 낙찰받았다. 감평가 5억 2,500만 원의 70평대 상가가 3차 가격인 2억 5,700만 원까지 떨어진 상태라 상가 투자자가 몰릴 것으로 예상되는 물건으로 이럴 때는 경매보다는 NPL로 접근하는 게 낫다. 특히 3차까지 유찰된 상태이기에 유동화회사가 불리한 입장이다. 채권청구금액이 3억 9,400만 원인데 2억 5,700만 원까지 떨어졌으니 유동화회사 입장에서 속이 탈 물건이다.

결국, 김 사장님은 경매 입찰 전에 NPL 채무인수 방식으로 청구금액보다 훨씬 더 저렴한 가격으로 물건을 가져왔다. 채무자 변경을 통한 채무인수 방식으로 인수할 때는 보통 그 전차 입찰가 언저리가 협상금액이 된다. 차액보전조항이 들어간 채무인수 방식이기는 하나, 채권의 10% 계약금만 들어가면 되고 낙찰 시 10%의 입찰보증금을 추가로 내기에 자금부담이 훨씬 덜하다. 유동화회사와는 사전에 4억 1,000만 원까지 쓸 수 있는 것으로 얘기되었으나 김 사장님은 4억 375만 원에 썼다. 이럴 때는 4억 1,000만 원에 다 쓰는 게 낫다. 채무인수 방식은 낙찰이 안 되면 계약 자체가 무효가 되기에 세게 질러버리는 경매 입찰자 등 혹시 모를 불상사가 생길 수도 있고 추후 양도세 절감 차원에서 유리하기 때문이다.

　이 물건의 경우, 경매로 접근하는 투자자라면 대부분 2차 입찰가인 3억 6,700만 원과 3차 입찰가인 2억 5,700만 원 사이에서 고민할 것이다. 경매를 좀 해본 경매 고수들은 물건이 탐이 날 경우 2차 입찰가인 3억 6,700만 원보다 살짝 위로 올려 쓴 가격으로 접근할 것이다. 하지만 아무리 경매 고수라도 NPL 채권을 2차 입찰가보다도 적게 인수한 NPL 투자자를 이기기는 사실상 힘들다. NPL 투자는 이미 이기고 시작하는 게임이다.

　김 사장님은 NPL 투자 타이밍도 좋아 낙찰가의 80%에 해당하는 금액을 2.75%라는 파격적인 금리조건으로 대출받았다. 이 경우 주목해야 할 점은 NPL 인수가가 아니라 낙찰가를 기준으로 대출받는다는 것이다. 실제 NPL 인수가는 낙찰가보다 수천만 원이나 더 적지만 이러한 내용을 알기 힘든 은행권에서는 경락잔금대출을 판단하는 기준이 낙찰가다.

　불과 5,000여만 원의 현금을 투입해 대출 레버리지를 써서 가져온 후 낙찰 잔금과 동시에 임차 중이던 한전 자회사와 그대로 재계약에 성공했다. 3억 2,000만 원 경락잔금대출에 임차보증금 2,500만 원까지 다시 회수했으니 취등록세비용을 합하더라도 실투자금은 5,000만 원 정도다.

　이후 김 사장님은 3년 동안 한전자회사로부터 매월 정확한 날짜에 또박또박 월세 240만 원 정도를 받다가 최근에 4억 7,000만 원 근처에 판 것으로 안다. 5,000만 원을 투자해 매년 3,000만 원씩 월세를 받다가 3년 후 1억 가까이 차익이 났으니 이런 대박이 없다. 투자수익률은 300%를 넘어선다. 퇴직을 준비하던 김 사장님은 필자가 학원을 오픈하자마자 수강생으로 만난 이후 지금까지 필자와 상가 경매로 인연을 맺고 있다. 요즘은 "전 원장을 만나기 전까지 대출 한 푼 없었는데 상가대출금만 10억 원이 넘었다"는 둥 행복한 푸념을 늘어놓고 있다.

SubNote NPL 경매 시 배당 연습

경매배당 = 최우선배당 → 순위(우선)배당 → 안분배당 → 흡수배당

1) 당해세는 소액임차인, 임금채권자와 함께 최우선배당에 참가함.

2) 당해세로 인정되는 것
  ☞ 국세(상속세, 증여세, 재평가세), 지방세(재산세, 종합토지세, 도시계획세, 공동시설세)
   ※ 취득세와 등록세는 헌재 판결로 1994.08.31부터 당해세에서 제외되고 있음.

3) 당해세 배당순서
  ① 말소기준권리와 관계없이 조세채권이 항상 우선
  ② 말소기준권리와 세무서의 납세고지서 발송일 중 빠른 채권이 우선
  ③ 말소기준권리와 과세표준 과세액의 세무서 신고일자 중 빠른 채권이 우선

4) 순위(우선) 배당은 권리성립 순서에 따라 배당한다.

5) 등기부상 권리자들의 배당순서
  ① 물권끼리(저당권 – 저당권 – 저당권) 배당순위 ☞ 순위(우선)배당
  ② 물권 – 채권일 때(저당권–가압류–저당권)
   ☞ 먼저 저당권이 순위(우선)배당되고, 가압류와 저당권은 안분배당
  ③ 채권 – 물권 – 채권일 때(가압류–저당권–가압류)
   ☞ 가압류 · 저당권 · 가압류 채권액을 모두 합해 일단 안분배당을 실시한 후 저
    당권은 자신의 채권을 다 채울 때까지 가압류가 받은 배당금을 흡수

실전 사례 연구 3
지방 모텔은 NPL로
싸게 매입하라

　이 물건은 3년 전 NPL로 나온 물건이다. 굿옥션 사이트에 NPL 물건으로 나와 있어 담당자에게 연락했는데 론세일 방식도 가능하고 채무인수 방식으로도 가져올 수 있는 물건이었다. 채무인수 방식에서는 차순위 낙찰자가 중요하다. NPL 채무인수 방식으로 가져올 경우 AMC들은 흔히 차액보전을 요구한다. 이를 단서조항으로 캡(Cap)을 씌운다고 해서 일명 캡 방식이라고 한다. 낙찰자가 3억 3,500만 원이고 차순위가 3억여 원이니 약 3,500만 원 차이가 난다. NPL 투자자인 낙찰자는 몇천만 원 차액보전을 해주었을 것이다. NPL 물건을 경매 투자자의 시각에서 바라보면 안 된다.

소 재 지	경기도 안성시 금광면 한운리 13 [도로명주소검색]								
					오늘조회: 1 2주누적: 1 2주평균: 0 [조회동향]				
물건종별	숙박시설	감 정 가	614,374,050원	구분	입찰기일		최저매각가격		결과
토지면적	826㎡(249.865평)	최 저 가	(39%) 240,834,000원	1차	2013-12-09		614,374,050원		유찰
				2차	2014-01-13		491,499,000원		유찰
건물면적	692.16㎡(209.378평)	보 증 금	(10%) 24,090,000원		2014-02-17		393,199,000원		변경
					2014-04-28		344,049,000원		변경
매각물건	토지·건물 일괄매각	소 유 자	박	3차	2014-07-07		344,049,000원		유찰
				4차	2014-08-11		240,834,000원		
개시결정	2013-03-11	채 무 자	박 외 1명	낙찰 : 335,300,000원 (54.58%)					
				(입찰3명,낙찰:김					
				차순위금액 300,300,000원)					
사 건 명	임의경매	채 권 자	수협중앙회의 우리에프앤아이 제35차유동화전문유한회사	매각결정기일 : 2014.08.18 - 매각허가결정					
				대금지급기한 : 2014.08.27					
				대금납부 2014.09.25 / 배당기일 2014.10.28					
				배당종결 2014.10.28					

사진	토지등기	건물등기	감정평가서	현황조사서	건축물대장	매각물건명세서	부동산표시목록
기일내역	문건/송달내역	사건내역	전자지도	전자지적도	로드뷰	온나라지도+	

필자도 이 모텔이 나왔을 당시 현장에 와이프와 함께 임장을 갔었다. 안성 금광저수지 인근이나 사실 모텔로는 좋은 입지가 아니었다. 주변에 공장단지가 있어 리모델링을 거쳐 월세개념으로 접근하면 될 것 같으나 워낙 한적한 산속에 있는 지방이라 고심 끝에 NPL 투자를 포기했다. 필자가 직접 운영해야 수익이 날 물건인데 자식들 교육 때문에 아직은 힘들다. 좀 더 나이가 들면 경치 좋은 지방에 위치한 모텔 하나를 NPL로 저렴하게 매입해 개발하면 좋을 듯하다.

결국, 얼마 후 이 물건은 다른 이가 NPL 채무인수 방식으로 접근해 낙찰받았다는 소식을 들었다. 상가 개발은 낙찰과는 전혀 다른 문제이기에 어떤 식으로 운용하고 있는지는 모른다. 다만 모텔 인수가는 감평가의 1/2도 안 되는 가격이니 이보다 더 좋은 투자법은 없을 것이다.

SubNote NPL 관련 용어

유동화전문회사(SPC: Special Purpose Company): 금융기관에서 발생한 부실채권을 매각하기 위해 일시적으로 설립되는 특수목적 회사를 말한다. 채권매각과 원리금상환이 끝나면 자동으로 없어지는 일종의 페이퍼컴퍼니로서 자산을 유동화하기 위한 매개체로 이용되는 회사 또는 법인을 말한다.

AMC(자산유동화회사): 부실채권을 전문적으로 관리하는 회사로 SPC와 밀접하게 연관돼 있다. SPC는 당해 유동화자산의 관리, 운영, 처분을 AMC에 위탁하고 AMC는 담보부채권 매입 및 관리대행, 유동화자산관리, 자산관리컨설팅, 채권추심 등을 수행한다. 연합자산관리, 대신AMC, 제이원자산관리, MG신용정보, 마이에셋자산운용, KB신용정보, KPMG 등이 대표적 AMC다.

AM(Asset Manager): 자산유동화전문회사를 대신해서 기초 자산을 관리, 운용, 처분하는 기관의 자산관리 직원을 말한다.

AMP(Asset Management Plan): 자산관리계획을 의미하는 용어로, 우리AMC에서는 ARP라는 용어를 사용한다.

OPB(Outstanding Principal Balance): 채권원금잔액을 일컫는 용어로, 채권계정일 현재의 채권 원금액을 말한다.

TP(Target Price): 해당 부실채권으로부터 회수할 수 있는 목표가격을 말하며, 이 금액을 기준으로 부실채권을 매각하게 된다.

질권: 채권자가 그의 채권을 확보하기 위해 채무자 등으로부터 받은 물건을 채무자의 변제가 있을 때까지 점유하고 유치함으로써 채무변제를 간접적으로 강제하고, 변제가 없을 때는 그 물건으로부터 우선변제를 받는 권리다.

별제권: 파산재단에 속하는 특정 재산에서 다른 채권자에 우선해 변제받을 수 있는 권리를 말한다. 별제권 행사를 포기한 경우 또는 별제권 행사로 변제받을 수 없는 채권은 제외한다

Part 6
상가임대차보호법과 상가 운용의 묘(妙)

- 상가임대차보호법이란?

- 환산보증금이란?

- 우선변제권이란?

- 대항력이란?

- 상가 임대사업자등록 하는 법

상가임대차보호법이란?

상가임대차보호법(이하 '상임법'이라 함)은 상가건물 임차인을 보호하기 위해 만든 특별법이다. 상가를 임대해 장사하거나 사무실을 운영하는 사람들은 반드시 알아둘 필요가 있다.

상임법은 대통령령이 정하는 보증금액을 초과하는 임대차에 대해서는 적용되지 않는다. 임대차는 그 등기가 없는 경우에는 임차인이 건물 인도와 사업자등록을 신청한 때는 그다음 날부터 제3자에 대해 효력이 발생한다.

상가건물은 사업자등록의 대상 여부를 기준으로 판단하므로 교회, 어린이집, 동창회 등 비영리법인은 상임법의 보호를 받을 수 없다. 상가건물은 모든 임차인에 대해 적용되는 것이 아니라 환산보증금(보증금+월세환산액)의 지역별 기준 이하인 경우에만 적용된다.

구분	환산보증금(서울 기준)	
	6억 1,000만 원 초과	6억 1,000만 원 이하
대항력	○	○
우선변제권	×	○
임차권등기명령	×	○
임대차 기간(최소 1년)	×	○
계약갱신요구권 5년	○	○
묵시적 갱신	×	○
증액청구 한도	제한 없음	상한 5%

환산보증금이란?

환산보증금이란 임대보증금과 월세의 금액을 합산해서 계산한 보증금 총액을 말하며, 임차인의 상임법 적용 대상 여부를 가르기에 알아두어야만 할 용어다. 보통 상가 임대차계약 시 중개업자에게 지급하는 중개보수비도 환산보증금을 기준으로 계산한다 (이때 부가세는 환산보증금에 포함되지 않는다).

환산보증금 = 임대보증금 + (월세 × 100)

상임법의 개정으로 2015년 5월 13일 이후 재계약하거나 신규로 계약한 임차인은 상가 점유와 사업자등록증만 있으면 대항력을 갖게 된다.

환산보증금을 초과한 임대차의 경우에도 점유와 사업자등록의 요건만 갖추고 2015년 5월 13일 이후 체결 또는 갱신됐다면 상임법 제3조 1항에 따라 대항력이 있고, 해당 건물의 양수인은 종전 임대인의 지위를 승계하므로 임대차보증금 반환 채무도 승계하게 된다.

상가임대차보호법 제3조(대항력 등)

① 임대차는 그 등기가 없는 경우에도 임차인이 건물의 인도와 「부가가치세법」 제8조, 「소득세법」 제168조 또는 「법인세법」 제111조에 따른 사업자등록을 신청하면 그다음 날부터 제3자에 대하여 효력이 생긴다.
② 임차건물의 양수인(그 밖에 임대할 권리를 승계한 자를 포함한다)은 임대인의 지위를 승계한 것으로 본다.
③ 이 법에 따라 임대차의 목적이 된 건물이 매매 또는 경매의 목적물이 된 경우에는 「민법」 제575조 제1항·제3항 및 제578조를 준용한다.
④ 제3항의 경우에는 「민법」 제536조를 준용한다.

다만 환산보증금을 초과하는 임대차의 경우 상임법 제5조는 적용되지 않으므로 우선변제권은 인정되기 어려울 것이다.

상가임대차보호법 제5조(보증금의 회수)

① 임차인이 임차건물에 대하여 보증금반환 청구소송의 확정판결, 그 밖에 이에 준하는 집행권원에 의하여 경매를 신청하는 경우에는 「민사집행법」 제41조에도 불구하고 반대의무의 이행이나 이행의 제공을 집행개시의 요건으로 하지 아니한다.
② 제3조제1항의 대항요건을 갖추고 관할 세무서장으로부터 임대차계약서상의 확정일자를 받은 임차인은 「민사집행법」에 따른 경매 또는 「국세징수법」에 따른 공매 시 임차건물(임대인 소유의 대지를 포함한다)의 환가대금에서 후순위 권리자나 그 밖의 채권자보다 우선하여 보증금을 변제받을 권리가 있다.

또한 환산보증금 과다 여부에 따라 상임법 적용도 달라진다.

상가는 일정 금액 이하일 때만 상임법 적용을 받는다. 일정 금액을 초과하면 상가임대차보호법의 일부 적용(대항력, 임차인의 계약 갱신요구권, 권리금회수 기회보호 등)만 받는다.

환산보증금이 일정 금액 이하일 때 임대인의 증액청구는 임대차계약 또는 약정한 차임 등의 증액이 있고 난 뒤 1년 이후에 할 수 있고, 증액청구액은 청구 당시의 차임 또는 보증금의 5%를 초과할 수 없다. 하지만 환산보증금이 일정 금액을 초과할 경우에 임대인은 상한요율 5%와 상관없이 임차인에게 증액 청구할 수 있다.

보호 대상	서울	수도권과밀억제	광역시 (안산·용인·김포·광주·경기)	기타 지역
개정안	6억 1,000만 원	5억 원	4억 2,000만 원	2억 8,000만 원

우선변제권이란?

우선변제권이란 말 그대로 경매 절차에서 임차인이 배당 시 우선변제 받을 수 있는 권리를 말한다. 경매 절차에서 임차인이 우선변제권을 행사하려면 법원에 반드시 배당요구를 해야만 한다. 간혹 임차인 중에 배당요구를 게을리(?)하시는 분들이 있다. 죄송하지만 법의 무지는 보호를 받지 못한다.

> ### 우선변제의 필요조건
> • 대항요건을 갖출 것: 임차인은 건물의 인도와 사업자등록을 해야 한다.
> • 확정일자를 받을 것: 관할 세무서장으로부터 확정일자를 받아야 한다.
> • 임차건물이 경매 또는 체납처분으로 매각돼야 한다.

경매에서 우선변제권보다 훨씬 더 파괴력 있는 권리가 최우선 변제권이다. 최우선변제권은 경매배당 시 소액보증금 대상이 되는 임차인이 확정일자를 갖췄는지 여부와 상관없이 그 임대차계약보다 앞선 담보물권 등 선순위 권리에 앞서서 임차인의 보증금 중 일정액에 대해 최우선변제를 받는 것을 말한다.

최우선변제권은 임차보증금이 일정 금액 이하인 경우에만 인정되며, 임차인은 상가건물에 대한 경매신청의 등기 전에 상임법상 대항요건(인도+사업자등록)을 갖추고 있고, 이 요건이 배당 시까지 계속 유지돼야만 한다.

지역	보증금의 범위	최우선변제금액
서울특별시	6,500만 원 이하	2,200만 원
수도권 과밀억제권역	5,500만 원 이하	1,900만 원
광역시(인천 제외), 안산·용인·김포·광주	3,800만 원 이하	1,300만 원
그 밖의 지역	3,000만 원 이하	1,000만 원

대항력이란?

대항력이란 임차인이 자신의 계약 기간 동안에 보증금을 반환받을 때까지 건물을 비워주지 않아도 되는 정당한 권리를 말한다. 대항력 있는 임차인은 경매 매각을 통해 소유권이 이전되더라도 계속해서 임대차관계를 주장할 수 있다.

> 상가 대항력 = 건물 인도 + 사업자등록 신청 익일 0시

상가건물을 낙찰받은 후 경매 명도 시 3가지 사례가 있다. 첫째는 이전 주인, 즉 채무자가 있는 경우, 둘째는 대항력 없는 임차인이 있는 경우, 셋째는 대항력 있는 임차인이 있는 경우다. 채무자나 대항력 없는 임차인의 경우에는 잔금 후 바로 명도시켜야 한다. 대항력 있는 임차인일 경우에는 경매법원에 배당요구를 했는지 여부를 파악한다. 만약 배당요구를 했다면 배당기일 이전 이

사할 것을 요구하고 이사 당일에 명도확인서를 교부해준다. 만약 배당요구를 안 한 대항력 있는 임차인이라면 경매 입찰 자체를 하지 말아야 하며, 혹시라도 낙찰될 경우에는 매각불허가 신청을 통해 신속히 빠져나와야 할 것이다.

> - 채무자: 잔금 후 바로 명도
> - 대항력 없는 임차인: 임대차관계는 소멸되기에 바로 명도
> - 대항력 있는 임차인: 경매와 상관없이 임대차 존속기간을 보장받으며, 임차인이 배당요구를 하면 임대차관계는 종료

필자는 보통 낙찰 후 매각 결정허가가 떨어지자마자 현장을 방문해 협상을 시작, 낙찰 잔금과 동시에 명도시키는 것을 최종 목표로 한다. 잔금 이후에도 채무자나 임차인이 한 달 이상 이사하지 않을 경우 내용증명으로 낙찰 잔금 후 감정가의 0.8% 수준의 월세를 내줄 것을 독촉한다. 만약 점유자가 3개월 이상 이사하지 않을 경우 부당이득반환 청구소송을 제기한다. 이러한 유형의 점유자들은 보통 거액의 관리비도 체납해둔 케이스가 비일비재하기에 관리비 청구소송을 제기해 소장 내용에 부당이득 월세분을 포함해 청구한다.

상가 임대사업자등록
하는 법

　상가 임대를 하려면 세무서에 임대사업자 등록을 해야 한다. 임대사업자는 크게 간이과세자와 일반과세자로 구분된다. 간이과세자는 분양받을 때 낸 세금을 환급받지 않고 대략 월세의 3%를 부가세로 낸다(단 임대료가 월 200만 원에 미달 시 부가세를 낼 필요는 없다).

　일반과세자는 분양받을 때 낸 세금을 환급받고 추후 임대료를 받을 때 월세의 10%를 세금으로 내는 사업 형태다. 통상 연 매출액이 4,800만 원 이상일 경우 일반과세자로, 미만일 경우 간이과세자로 등록한다. 일반과세자는 세금계산서 발급이 가능하기에 전문적인 임대업을 영위하려는 분에게 유리하다. 반면 간이과세자는 세금계산서를 발행할 수 없다.

구분	간이과세자	일반과세자
기준 금액	연 임대료 4,800만 원 미만	연 임대료 4,800만 원 이상
대상 사업자	신규 임대사업자로 연 공급 대가가 4,800만 원 미만	부가가치세 과세업자로 간이과세자가 아닌 자(법인사업자는 무조건 일반과세자)
계산서 발행	세금계산서 발행 불가	세금계산서 발급이 원칙
부가세 계산 방식	공급 대가×업종별 부가가치율×10%	공급가액×10%
세금계산서 매입세액 공제	공제금액(매입세액×업종별 부가가치율)	매입세액 전액공제
배제 대상	광업, 제조업, 도매업 등 간이과세배제 대상이 있음	일반과세 배제 대상 없음
포기제도	간이과세자를 포기하고 일반과세자가 될 수 있음	포기제도 없음
기장	발급세금계산서 또는 영수증으로 기장	장부에 의해 기장

상가 경매로 비즈니스하라

제1판 1쇄 | 2018년 4월 23일
　　　2쇄 | 2021년 4월 5일

지은이 | 전병수
펴낸이 | 손희식
펴낸곳 | 한국경제신문*i*
기획제작 | (주)두드림미디어
디자인 | 얼앤똘비악earl_tolbiac@naver.com

주소 | 서울특별시 중구 청파로 463
기획출판팀 | 02-333-3577
E-mail | dodreamedia@naver.com
등록 | 제 2-315(1967. 5. 15)

ISBN 978-89-475-4333-0 03320

**책 내용에 관한 궁금증은 표지 앞날개에 있는 저자의 이메일이나
저자의 각종 SNS 연락처로 문의해주시길 바랍니다.**